全心全意
What We Believe
信靠祢

基督復臨安息日會基本信仰 28 條

U0086710

Seventh-day
Adventist
Believe

致謝

謹將此書獻予——
愛琳・安卓斯・索克斯（Aileen Andres Sox）

她清楚看出，教會信仰必須深植於兒童教育，
因而請託我在 Primary Treasure® 中加入我們的基本信仰觀，
此舉亦證明了她在教會兒童的屬靈需要上所作的努力。

目錄 CONTENT

前言

　　製作本書的目的，乃是為了要幫助孩子們了解教會的教導——使他們明白作為「復臨信徒」的意義。因此，本書主要目的並非著重在教義細節上的完全，而是作為介紹基督復臨安息日會 28 條基本信仰的入門書。

　　每篇單元中的「教學妙點子」是為了協助教師、家長、或幫忙托育之人，使他們能幫助孩子了解教會的基本信仰。藉著將這些信仰概念與寫實的故事或生活經驗相結合，我們希望使基本信仰更加生活化、更有意義。透過孩子熟悉的生活體驗，我們便能使信仰概念潛移默化於他們的思想中，讓教會成為他們所認同的一部分。

　　教學妙點子可適用於個別孩童，安息日學課程或《聖經》課程。為配合您所教導的孩子年齡層及學習程度，亦可做適度調整。每個孩子都是獨一無二的，在尋求答案時，他們所發出的問題也不盡相同。

　　許多人對這類型的書抱持的看法是，特別為孩子編寫書籍，無疑便是將其中內容「簡易化」，對此我不贊同，要讓孩子明白複雜難懂的信息，並非只是將內容做字面上的簡化，而是要將內容以更清楚、澄明的方式來表達。用字遣詞上必須考量孩子的學習程度。不必將所有內容做鉅細靡遺的交代，而是需要以孩子的語言，去教導他們認識最重要的信息。

　　有人說，你若無法將所熟知之事，向一個 10 歲大的孩子說明清楚，就不能算是真正的了解。如果你從未對教會所教導的基本信仰充分思考過，建議你把握這個機會，再一次為自己與兒女一同詳讀此書。

我們是復臨信徒

　　每當有人問起我平常到哪一間教會聚會時，我會告訴他們：「我到基督復臨安息日會（簡稱復臨教會）。」有時他們會問道：「復臨教會的信仰是怎樣的呢？」我們需要回答的，便是這本書所說的信息。我期望這本書能幫助你了解教會在許多方面的教導，更希望在你碰到有人問你去哪一間教會時，這其中的內容能有助於你回答問題。但最重要的，莫過於幫助你明白上帝是多麼愛你，因為那正是這些基本信仰的源頭。

01

聖經章節

祢的話是我腳前的燈，是我路上的光。
詩篇 119：105

《聖經》——上帝的話語

你的房間裡有書架嗎？我有。在我的書架上，有好多種不同類型的書一字排開，全都是我最喜愛的，而架上的其中一本書就是《聖經》。

其實《聖經》本身就等於一整個架子的書。它裡面總共有 66 本書，有些篇幅很短，有些很長。有些是故事，有些是詩歌。有些是講很久以前發生的事，有些則說到未來即將發生的事。

我深信《聖經》是一則來自上帝的長篇信息，因此它被稱為「神聖的經卷」或「神聖的作品」，因為在這 66 本書裡講述的所有不同信息，都是為了讓我們認識上帝以及祂為我們預備的計劃。

《聖經》並不是由上帝親手寫成的。大多數時候，祂並不是直接告訴作者該寫什麼，而是給予他們思想和靈感。有時祂會幫助他們回想過去所發生過的事，好讓他們可以將那些經歷寫出來。有時祂會替他們尋找合適的用字遣詞，使他們可以寫出一首關於祂的詩或歌曲。有時祂會令他們擁有清楚的思路，讓他們可以說明祂的計劃。有時祂甚至會向他們啟示一些在遙遠的地方正發生的事，或者一些在未來的某一天即將發生的事。

接下來每一位作者就會盡力地將這些思想和靈感寫下來，以此來說明或敘述那些經歷。這便是為什麼我們會說，《聖經》都是上帝所「默示」的。

我相信《聖經》向我們啟示了關於上帝的真理。它告訴我們上帝是誰，以及祂要如何拯救我們。它告訴我們上帝希望我們過什麼樣的生活。《聖經》上說：「《聖經》都是上帝所默示的（或譯：凡上帝所默示的《聖經》），於教訓、督責、使人歸正、教導人學義都是有益的」（提摩太後書 3：16）。

　　《聖經》不是一本百科全書。它不是向我們說明有關科學或歷史的一切，但它可以向我們說明關於上帝的一切，以及祂為全人類所設立的計劃。

　　《聖經》是上帝的話語，因為它所記載的，便是上帝在今天想對我們說的話。

教學妙點子

❶ 鼓勵孩子討論在家中或在學校裡，書架上所擺設的各種不同類型的書。問問他們最喜愛讀哪些書。強調我們可以從各式各樣的書籍裡學到不同的知識。故事、詩、圖畫以及常識都能教導我們不同的事物。然後將此觀念應用在《聖經》上──它當中不同的主題是如何教導我們各種有關上帝的事情，以及祂的計劃。

❷ 討論一下，當我們說我們相信《聖經》是上帝所「默示」的，那是什麼意思？因為孩子們在日常生活中，寫作或創作的機會並不多，因此這對他們而言會是一個較難理解的概念。你也可以將《聖經》所說的「默示」形容為上帝的神蹟，是一種上帝能夠展現，而我們卻無法完全了解的行為。

❸ 指出《聖經》裡的內容雖然沒有絲毫錯誤，但它並不能為所有的問題提供解答。詢問孩子幾個問題做為尋找合適答案的範例。例如：若我們想了解彩虹的顏色，我們會找什麼樣的書？若我們想知道下一次的滿月會在何時出現？我們會查哪些資料？一本科學方面的書，或者百科全書都會使我們找到上述問題的答案，但這些答案《聖經》裡不會有。然後再提出一些能在《聖經》中找到答案的問題：「上帝有多愛我們？祂對我們的計劃是什麼？這個世界是從哪裡來的？」

| 總結 | 《聖經》是一本上帝的書，是祂傳達給我們的信息。在《聖經》裡，我們可以聽見上帝的聲音對我們說話。 |

1 學習單

複習 是非題

依本課內容回答下列問題，在正確敘述前寫 O，反之寫 X：

作答	問題
	1.《聖經》是來自上帝的長篇信息，因此被稱做「神聖的經卷」或「神聖的作品」。
	2.《聖經》共分為兩部分：舊約和新約，加起來總共有 39 卷。
	3.《聖經》的內容有故事、詩歌、歷史以及預言等各式各樣的內容。
	4.《聖經》是上帝親手寫成的，祂直接告訴作者該寫些什麼。
	5.《聖經》的目的是為了向我們顯明上帝的真理，以及祂為我們設立的計劃。
	6.《聖經》內容包羅萬象，涵蓋科學及一切，是一本百科全書。

思考與應用

請參考《聖經》目錄，將《聖經》整部共 66 卷書，依照下列類別填入：
（其中一部分答案已填入提示）

摩西五經

創世記

歷史書

約書亞記

家長簽名

老師簽名

智慧書

約伯記

小先知書

何西阿書

大先知書

以賽亞書

四福音書

馬太福音

給人 / 教會的書信

羅馬書

早期教會歷史

耶穌基督的啟示

02

聖經章節

**願主耶穌基督的恩惠、上帝的慈愛、
聖靈的感動常與你們眾人同在！**
哥林多後書 13：14

上帝——三位一體

你有沒有試過用繩子當套索呢？我曾經有一次拿繩子當套索，來圈住我的小狗布魯托。可是布魯托太大了，牠反倒拖著我團團轉，直到我整個人被繩子纏住了！

當我倒在地上時，才看見我的繩索原來是由三條更小的繩子緊緊擰成一股的。正因如此，當布魯托拖著我轉時它才沒有斷裂。下次有機會看見繩索時你不妨仔細看一下——它的構造應該也差不多。

我相信宇宙之間只有一位上帝。我相信上帝從古至今都存在，並且是祂創造了天地萬物。但是當我說「上帝」時，我指的是三位——天父上帝，祂的兒子耶穌，還有聖靈。在一切事上他們都是一起行動，他們對於所有事物、所有人，都懷抱著同等的愛。他們愛我們每一個人，並且希望我們能與他們同住在天家。

就像我的繩索是由三條繩子交織而成，我們唯一的上帝也是由三位一同行動的。因他們表現一致且思想一致，因此我們將他們看做是一位上帝。

這三位一體的上帝同心協力創造世界。他們就是說「我們要照著我們的形像、按著我們的樣式造人」的那一位（創世記 1：26）。耶穌則是講到了他們全部三位的名字，祂說道：「所以，你們要去，使萬民作我的門徒，奉父、子、聖靈的名給他們施洗。」

《聖經》告訴我們，上帝是無所不知的。祂深知所有過去曾經發生的事，以及未來所有即將發生的事。祂是如此大有能力、如此奇妙、如此奇異，我們永遠無法想像祂的樣子及祂的大能。

　　但是我們可以試著明白關於上帝的許多事。祂透過《聖經》向我們顯明祂自己。我們可以從耶穌的一生充分地瞭解上帝。當耶穌幫助人們時，祂就是在向我們表明上帝的樣子。更重要的是耶穌向我們顯明，上帝是多麼愛我們每一個人類的兒女。

教學妙點子

❶ 如果你曾經試過用繩子當套索，或用它做其他有趣的事情，請和孩子們分享你的經驗。

❷ 「三位一體」的道理並不容易懂，有些人甚至寫出一整本的書來解釋這樣的概念。連基督徒都曾為此爭辯了幾千年。因此，不必期待孩子能完全理解這樣的道理。最重要的是要讓他們明白，《聖經》並不是描繪一群為了人類彼此爭戰的神明，它是教導我們知道，三位一體中的每一位都是一心一意地想拯救人類，為了拯救我們，連行為也是一致的。

❸ 試著與孩子一同想像創造世界的過程是怎樣的。當耶穌創造長頸鹿時，天父上帝和聖靈在一旁會不會覺得很有趣呢？耶穌創造出河馬時有沒有讓他們大吃一驚呢？想像一下三一真神是多麼喜愛創造的行動，並與孩子們討論，他們與造他們的上帝是何等相似。

❹ 這是一個好機會，能夠幫助孩子們了解上帝是何等偉大且複雜，雖然有時我們很難完全了解祂。我們所能確認的便是透過《聖經》、祂對我們所說的話。祂並不只是一個比人類再強大、再友善一些的「強人」──祂要比人類高出很多、很多。祂是一位深愛我們人類的神。

總結　上帝是三位一體的──天父上帝，他的兒子耶穌，以及聖靈。因為他們行動一致、思想一致，因此我們將他們視為一個上帝。

複習 選擇題

請圈選符合課文敘述的字母選項，答案可能不只一個。

❶ 三位一體的上帝包含：
- ⓐ 天父上帝、聖子耶穌、和人類。
- ⓑ 天父上帝、聖子耶穌、和天使。
- ⓒ 天父上帝、聖子耶穌、和聖靈。

❸ 起初創造世界的是哪一位？
- ⓐ 耶穌
- ⓑ 上帝設計，然後耶穌負責執行
- ⓒ 三位一起同心協力地創造世界

❷ 在一切事情上行動的是：
- ⓐ 耶穌
- ⓑ 上帝
- ⓒ 三位一同行動

❹ 上帝無所不知、無比奇妙，但我們可以透過哪兩種途徑認識上帝，以及祂對我們的愛？
- ⓐ 天使
- ⓑ 《聖經》
- ⓒ 耶穌在世上的生活

家長簽名

老師簽名

我的感想

試著以三種不同顏色的毛線或緞帶編織成一條短繩，在起頭的地方用熱溶膠或白膠固定，並剪下列兩個小圖，一前一後將繩頭封住黏好，做成書籤。把它夾在這一頁，並寫下感謝上帝的話。

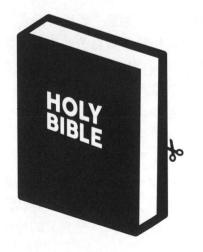

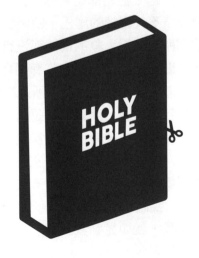

請影印後使用

03

聖經章節

耶和華在他面前宣告說：「耶和華，耶和華，是有憐憫有恩典的上帝，不輕易發怒，並有豐盛的慈愛和誠實，為千萬人存留慈愛。」

出埃及記 34：6，7

天父上帝

曾有一個故事說道，有五個瞎子受邀去形容一隻大象。因為他們看不見，他們每個人便用自己的手去觸摸，想知道大象的樣子。

其中一位摸到了大象的尾巴。「大象就像一條繩子，」他說。另一人觸摸的是大象的腿。「喔，大象長得像一個樹幹，」他說。第三個人將手放在大象身側。「大象像極了一道圍牆，」他聲明。

第四位摸到的是大象的耳朵。「大象長得像一把扇子，」他說。最後一位觸摸的是象鼻。「大象原來長得像根管子，」他說。

你知道大象長什麼樣子。那麼，他們之間誰說的才對呢？

嗯，沒錯！他們都是對的。大象的尾巴像繩子。牠的腿和樹幹一樣粗。可是大象的外表不只有牠的尾巴、四條腿或一個象鼻。牠是一隻很大很大的動物。

他們所有人對大象的描述都沒有錯，只是他們所看見的並不是大象的全部。

說到關於上帝，我們也常有同樣的問題。我們知道一些有關祂的事情，但我們並不知道全部。祂遠比我們所能想像的要更偉大、更有能力。

但論到有些事，我們確實是肯定的：上帝是全宇宙的君王。祂一直都在，祂創造天地萬物，是祂令所有恆星及行星在太空之中運轉不止。上帝是神聖的，祂從不犯錯。祂絕不自私，永遠公正，祂的應許永不落空。

當耶穌在約旦河受洗時，天父上帝也在那裡。祂說：「這是我的愛子，我所喜悅的。」我們現今所知、大部分關於上帝的事，都是出於耶穌的教導。耶穌說：「你若見我，就如見到我父一般。我幫助人、醫治人時，是我父的樣子。當我以

仁慈接待人，那也是我父的樣子。當我因人的自私與狡詐而憤怒，那亦是我父的樣子。」

　　約翰福音 3：16 告訴我們：「上帝愛世人，甚至將祂的獨生子賜給他們，叫他們不至滅亡，反得永生。」天父上帝就是這麼愛我們。

教學妙點子

❶ 孩子會樂於參與下列遊戲：

將許多不同的東西放入鞋盒，讓孩子輪流用手去觸摸盒中的東西（不准偷看裡面）。將一些尋常易見的物品（如海綿、葡萄、柳丁、牙刷等）與另一些較不易單憑觸感辨認的物品（如未削的鉛筆、軟糖蟲、植物，以及萊果或馬鈴薯等）放在一起，讓他猜一猜。這個活動可以幫助他們了解「瞎子摸象」的故事中，精準形容一件事物的挑戰性，以及想全面了解上帝的不容易。

❷ 帶一些宇宙及星星的圖片給孩子看，幫助他們了解上帝的宇宙有多大，以及祂是何等偉大，能力何等長濶高深。

❸ 孩子喜愛聽耶穌的故事。最重要的事便是我們可以藉此告訴他們，由耶穌所教導我們的：「你們若認識我，也就認識我的父。」

❹ 比較一下父母對孩子的愛，以及上帝對耶穌的愛。然後指出重點說明，上帝是如此愛我們，以致祂願意將祂的獨生子置於危險的處境中，只為了能拯救我們。

總結　　我們雖無法知道關於天父上帝的一切，但我們深知祂愛我們，因祂差遣祂的獨生愛子耶穌來拯救我們。

3 學習單

複習 是非題

依本課內容回答下列問題，按敘述的「是」與「否」，將圓圈塗滿：

是	否	問題
●	○	1. 在太空中運轉的行星和恆星，是由上帝的手所造。
○	○	2. 上帝是全宇宙的王，關於祂的事情，我們很容易了解全部。
○	○	3. 耶穌在加利利海受洗時，天父上帝也在那裡。
○	○	4. 現今我們所知道的、大部分關於上帝的事，都是耶穌所教導的。
○	○	5. 耶穌在世上時行醫助人、仁慈待人，這些都是上帝的形象。
○	○	6. 上帝不會因為人的自私或狡詐而生氣， 因為祂很仁慈、而且愛所有人。

思考與應用

在太陽系的眾多行星之中，選擇其中一個、利用網站或書籍查閱它的相關資料，並在下一週做分享。這些行星的奧秘如何幫助你了解上帝？你覺得我們的天父是一位什麼樣的上帝？

請上網搜尋並列印，然後自行剪下你選擇的行星照片貼於此處，或自己畫下來亦可。

◎我介紹的行星是

◎這行星的重要特徵是

◎知道宇宙萬物都是上帝所創造，我的感想是

04

聖經章節

因此所要生的聖者必稱為上帝的兒子。

路加福音 1：35

耶穌

你有沒有在任何一間店裡，看過小鳥困在屋內努力飛著，卻怎麼也飛不出去的情景？有一天，我看見一隻麻雀奮力振翅地飛，想找到出去的路。我很想幫助這隻鳥兒，所以我走到門口，將大門打開。但鳥兒並沒有因此飛到門邊、找到出路，牠只是不停地在天花板周圍飛來飛去在原處打轉。當時我想，我要是能變成一隻小鳥就好了，哪怕只有幾分鐘，這樣我就能指引牠出去的路而不讓牠受到傷害。

當周圍的人不再信任耶穌，且罪惡的網羅伸向祂時，祂也有同樣的想法。祂說：「我想變成人類好拯救他們，我會指引他們找到出去的路。」這正是祂的作為。

和天父一樣，耶穌也是永遠存在的；耶穌創造了我們的世界，以及在其中居住的人。在亞當和夏娃還未犯罪以前，祂便訂了拯救人類的計劃，好幫助他們再次信任及愛上帝。

正如祂計劃中的一部分，祂誕生成為人類的孩子。令人感到奇妙的是，祂既是人類，同時又是上帝。後來祂漸漸地長大成人，如我們一般。祂雖然被人性的自私與卑劣所試探，卻不為所動，反倒以仁愛顯現。祂總是以善良及仁愛的態度對待人，而祂的生命也為我們活出了如此行的榜樣。

耶穌行了許多神蹟奇事，是一般人做不到的。祂在水面上行走，祂命令風暴止息。祂取來一個小男孩的午餐，從它變出了足以餵飽上千人的食物。祂醫治病人、失明的人，以及受傷的人。祂甚至可以令死人復活！

但祂計劃中的一部分，是要為我們死，使我們能夠去天國和祂相聚在一起。當人們對祂感到憤怒，祂任憑他們捉住祂，並且將祂釘在十字架上。這便是祂犧牲的過程。但三天之後，耶穌便復活了！

在耶穌回到天上之前，祂應許說：「在我父的家裡有許多住處；若是沒有，我就早已告訴你們了。我去原是為你們預備地方去。我若去為你們預備了地方，就必再來接你們到我那裡去，我在哪裡，叫你們也在那裡。」（約翰福音 14：2，3）

就像天父一樣，耶穌必定會實現祂的應許，所以祂很快就會再來。這一次，祂要結束世上的罪惡、痛苦和死亡。之後祂會再造一個全新的地球，讓世上所有的一切都能回復成祂最初創造時那般完美。所有選擇跟從祂的人，都將永遠與祂團聚。

教學妙點子

❶ 如果你曾經有過幫助一隻小鳥或小動物的經驗，請和大家分享那過程。這將有助於令孩子理解耶穌為何願意選擇成為比祂低等的人類，只為了能拯救祂所創造的人們。

❷ 試著以孩子能理解的程度，解釋耶穌無罪性的生命。當人們嘲笑祂時，祂不憤怒；總是以仁慈的態度對待周圍的人。當祂看見人們的需要時，總會伸出援手。試問：「假如耶穌到你的學校去，或住在你家中，會是什麼樣呢？」

❸ 自行閱讀；若合適的話，為孩子們朗讀《歷代願望》或《好牧人：耶穌的一生》第 3 章，了解耶穌的童年。

總結　雖然耶穌是神，祂卻甘願成為人，親自來到地上拯救我們。祂像我們一樣生活，但祂從不曾犯罪。然而祂為了償付我們的罪而死。

4

學習單

複習

請圈選符合課文敘述的字母選項，答案可能不只一個。

---

❶ 耶穌選擇離開天家、成為人類的主要原因是：

ⓐ 以神的身分來到世上會讓人類害怕。

ⓑ 祂必須以人的身分來到人類中間，如此才能引領並拯救人。

ⓒ 以神的身分來到人類中間，無法獲得人類的信任。

---

❷ 耶穌在哪些方面具有和上帝一樣的特質：

ⓐ 自有永有、一直都存在。

ⓑ 經歷嬰孩時期和成長。

ⓒ 經歷生命、死亡、和復活。

---

❸ 課文中提到耶穌曾行過許多神蹟奇事，其中不包含下列哪一項：

ⓐ 祂命令風暴止息。

ⓑ 祂用一個小男孩的午餐變出可以餵飽上千人的食物。

ⓒ 祂以杖命令紅海分開。

---

❹ 耶穌在回到天上前，曾經應許祂很快就會回來。祂回來時會做哪些事：

ⓐ 祂會再造一個新的地球。

ⓑ 祂會用洪水先毀滅地上的罪惡。

ⓒ 祂會結束世上的罪惡、痛苦和死亡。

基督復臨安息日會基本信仰 28 條

家長簽名

老師簽名

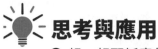 **思考與應用**

❶ 想一想耶穌童年時的經歷（祂的誕生、與父母一同逃亡，還有逾越節時在聖殿與拉比們談話）。童年的祂在哪些方面或有哪些特質，與一般的小孩不同？（可參考《好牧人：耶穌的一生》第三章：耶穌的童年）

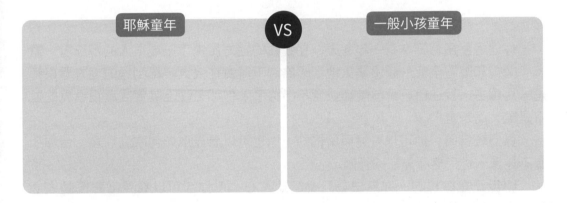

耶穌童年　**VS**　一般小孩童年

❷ 耶穌所行的神蹟之中，哪一個最令你印象深刻？請用自己的話描述那個神蹟發生的過程。

05

聖經章節

因風隨著意思吹，你聽見風的響聲，卻不曉得從哪裡來，往哪裡去；凡從聖靈生的，也是如此。

約翰福音 3：8

聖靈

你遇過暴風雪嗎？有一年冬天，在我住的地方發生了一場很大的暴風雪，雷鳴、閃電和降雪全都一起侵襲該地，因為雪下得實在太大，風刮過的地方看來都是一片銀白。我在自己家前院都快認不出路了！但那天晚上其實我真正看見的並不是風，而是雪！

微風輕拂時，你可以看見樹葉搖動，你也可以看見風如何吹動雲霧。但你卻看不見風，你只能看見它的行動。

聖靈正是這樣的。你無法看見祂觸動人心，但你卻可以看見當它感動人心時，人所做出的改變。

就像耶穌和天父上帝一樣，聖靈也是一直都存在的。世界創造起初時祂在，耶穌受洗時祂也在。事實上，聖靈從起初就和人一起作工。

幫助人寫出《聖經》裡各書卷的是聖靈。祂幫助他們記住其中的種種事蹟，並了解上帝的信息。祂幫助他們看見上帝對未來的計劃，並以歌曲和詩篇分享他們的思想和情感。

聖靈在人的心裡作工。祂提醒我們上帝是多麼地愛我們。祂教導我們如何活出耶穌的榜樣。我們的肉眼雖然看不見聖靈如何作工，但我們可以看見，當人聽祂的話並順從祂時，會發生何等大的改變。當一個從前暴躁易怒又自私的人，突然變得善良仁慈，且樂意與他人分享，那一定是聖靈在他心裡動了工。

耶穌應許祂的門徒，聖靈會在祂回到天家之後來臨。祂說：「但保惠師，就是父因我的名所要差來的聖靈，祂要將一切的事指教你們，並且要叫你們想起我對你們所說的一切話。」（約翰福音 14：26）

　　藉著聖靈的幫助，門徒得以記牢所有耶穌曾說過的話，他們教導身邊所有人認識耶穌。聖靈在今天也為我們如此行，祂幫助我們記住耶穌說過的話及做過的事。祂幫助我們更像耶穌。

教學妙點子

❶ 展示風是如何使物體移動的。利用肥皂泡泡，可在室外有風的情況下，或在室內用電風扇來進行展示。問：「你能看得見風嗎？不能嗎？那麼我們怎麼知道它存在呢？」答案是我們可以看見風對肥皂泡的影響。同樣的，雖然我們看不見聖靈，我們也可以看見它的影響力——我們可以看見祂是如何改變人心。（若情況允許，給每個孩子肥皂泡，讓他們進行比賽，看誰的泡泡在消失之前可以飛得最遠。）

❷ 耶穌稱呼聖靈為「安慰者」及「幫助者」（又名：保惠師）。為什麼聖靈會有這些稱呼呢？祂在何時會撫慰人心？在何時又會伸出援手幫助人？

❸ 聖靈幫助我們記住關於耶穌的《聖經》故事，以及耶穌說過的話。祂賜給我們勇氣，使我們和其他人分享耶穌的故事。

總結 聖靈作工，為要使我們改變，讓我們更像耶穌。祂在我們心裡說話，指教我們該如何做才能像耶穌。

5 學習單

複習 是非題

依本課內容回答下列問題，按照敘述內容將代表「是」或「否」的圖案塗色：

是	否	問題
●	✖	1. 聖靈有許多不同的名字，有時也稱做「保惠師」。
○	✖	2. 聖靈教導作者如何寫《聖經》，作者便按聖靈的指示一一寫下來。
○	✖	3. 聖靈是在上帝創造天地之後才出現的。
○	✖	4. 我們看不見聖靈，因祂沒有形體，但祂能在人心裡作工。
○	✖	5. 聖靈幫助我們改變自己的生命，變得越來越像耶穌。

思考與應用

想像一下聖靈充滿的生活是怎樣的。讀加拉太書 5：22-24，**將 9 種果子名稱填入右圖樹上的果子中**。另外，你如何在生活中結出這些果子呢？請在下列空格中寫出你想到的方法。

聖靈的果子

仁愛

06

聖經章節

起初上帝創造天地。
約翰福音 3：8

創造

上帝創造世間萬物。祂創造了你在天空看見的一切──月球、恆星還有行星。祂也創造了在天空中你無法憑肉眼見到的一切──恆星之間的空間，以及圍繞行星及太陽的地心引力。

上帝創造你在地球上所看見的一切──樹木、岩石、企鵝，還有蝴蝶。祂也創造了在地球上肉眼看不見的一切──深不可見的海底、一座大山的內部空間，還有構成我們身體的細胞。

當上帝決定創造人類時，祂是從非常特別、七天循環的一週開始的。每一天，祂創造這即將做為人類居住世界的一部分。第一天，祂造了光。第二天，祂將天空安置在外太空與地之間。第三天，祂將所有的水匯集在一處，造出了河川、湖泊、以及海洋，並使地枯乾。在乾地上，祂又造了各式各樣的植物並使其生長。

第四天，上帝使日月高掛在天上，分別出日與夜。第五天，祂使魚、鯨、海豚充滿於海中，祂使空中佈滿了大大小小、不同色彩的鳥類。

第六天，上帝創造動物。有些在大地上奔跑，有些在地上挖洞。有些爬到樹上或隱身於矮樹叢中。於是，當萬物都造齊之後，上帝創造了人。祂先造了亞當，然後造了夏娃。「這是屬於你的星球，」上帝叮囑他們。「你和你的兒女都要看管它。」

創造世界的大工完成了，但上帝還有尚未完成的事。祂還有一件事要做。《聖經》上說：「因為六日之內，耶和華造天、地、海，和其中的萬物，第七日便安息，所以耶和華賜福與安息日，定為聖日。」（出埃及記 20：11）

第七天，上帝歇了所有的工便休息了。這一日被稱做「安息日」。這是一個神聖的日子，一個讓我們可以放下其他六天所有事務的特別時間，專心思想上帝為我們所做的一切。這是一個去紀念祂創造我們，並創造這世上一切的日子。這更是一個去回想當我們需要幫助時，耶穌便來拯救我們的日子。

教學妙點子

❶ 這是一個可以引導孩子認識自然界的美麗及多樣性的好時機。計劃一次動物園參觀之旅，或是在樹林中漫步，這些都是欣賞上帝創造的好方法。

❷ 讓孩子們發揮自己的創意，使他們畫出自己希望上帝創造的動物或鳥類。

❸ 幫助孩子們列出一張清單，寫上他們喜歡在安息日做的事，幫助他們記得上帝曾經為我們所做的一切。

總結　上帝是一切的造物主。六日之內，祂創造了這個世界，並把它交給人類來管理照顧。然後祂又造了安息日，一個可以休息並思想祂的日子。

6 學習單

複習 配合題

將下列事物按其受造的正確日子，填入其代號：

❶榕樹

❷畫眉鳥

❸河流

❹光

❺月亮

❻北極熊

❼櫻花

❽天空

❾太平洋

❿藍鯨

⓫光

⓬獅子

第1天 ❹

第2天

第3天

第4天

第5天

第6天

家長簽名

老師簽名

 我的感想

上帝用六天時間創造了我們居住的世界，又造了安息日使我們可以休息並
親近祂。寫一張卡片送給天父上帝，告訴祂你對祂創造萬物的感謝。

安息天快樂

07

聖經章節

上帝就照著自己的形象造人，乃是照著祂的形象造男造女。起初上帝創造天地。
創世記 1：27

人的性質

你曾經親手做過青蛙屋嗎？我上小學時，曾經在後院梧桐樹下的泥土堆裡做過一個青蛙屋。以下是造屋的步驟。

首先，你需要肥沃的、帶一點潮濕的軟土。不能是黏稠的泥巴，但是濕度要能使泥土不至於散開。然後挖一個洞，大小剛好可以放進你的兩隻腳。然後將你準備好的泥巴覆蓋在你的腳背上。要壓得夠緊實，使表面光滑。然後慢慢地將你的腳抽出來。如果你夠細心的話，就可以做好一個附有屋頂的洞穴──正好適合做一個青蛙屋！

我不記得是否真的有青蛙住過我準備的青蛙屋，但把它做好時我很開心。當然，它不是真正的房子。但它裡面有一般屋子該有的屋頂和房間，所以它就像是個房子。

上帝創造人類時，也曾做過同樣的事。《聖經》上說祂以自己的形象──和祂一樣，來創造人類。「上帝就照著自己的形象造人，乃是照著祂的形象造男造女。起初上帝創造天地」（創世記 1：27）。

因此人類受造時是像上帝的。我們不能肯定這是否意味著，上帝有兩隻手和兩隻腳，就像我們一樣，或者上帝笑的時候和唱歌時也和我們一樣。但我們能肯定的是上帝造人類時，是要他們永遠活著，且擁有幸福和自由。

我們有自由，可以選擇自己喜歡綠色還是藍色多一些。我們也可以自由選擇自己是喜歡狗還是更喜歡貓。所有的人類也都擁有自由，可以選擇要跟隨上帝信任祂，或者是相信自己走自己的路。

　　亞當夏娃沒有選擇信靠上帝。他們背叛了上帝並犯了罪。於是他們心中某一處像上帝的部分就改變了，且變得有罪。上帝可以原諒他們，但祂無法終止他們的選擇所造成的結果。因為選擇了罪，他們也選擇了伴隨著罪產生的悲傷、痛苦和死亡。從此，所有的人類一出生便帶著罪，其中也包括你我。

　　但耶穌來了，拯救我們脫離罪惡！藉著跟隨祂，我們得以再次與上帝相像，就像亞當和夏娃在創世時一樣。當我們跟隨耶穌，我們便愛上帝，以仁慈待人，我們也會照顧周遭的所有生命——甚至是小小的青蛙！

教學妙點子

❶ 如果你能找到乾淨的泥土堆或沙堆的話，可以和孩子們試試做青蛙屋；這活動會非常好玩！

❷ 讓孩子們列一張清單，列出他們喜愛的顏色、動物、鳥類、水果，以及天氣型態。提醒他們我們都可以自由選擇我們所喜愛的，也可以自由選擇是否跟隨上帝。

❸ 這個年齡層的孩子要理解罪的概念比較困難。你可以著重於強調罪的影響——如痛苦、疾病和死亡，以及耶穌是如何拯救我們脫離這一切。

總結　上帝按祂的形象創造我們。然而，因為亞當夏娃犯了罪，所有的人都成為有罪的人，痛苦、疾病和死亡便臨到每個人身上。但耶穌來拯救我們脫離罪惡，並終結這些事。

學習單

複習 填充題

依本課課文內容，在下列空格中填入適當的字詞：

❶ 《聖經》上說，上帝創造人類時，是以 ＿＿＿＿＿＿＿＿＿＿，
去創造人類。

❷ 上帝起初創造人類時，原意是要人類 ＿＿＿＿＿＿＿＿ 活著，
且擁有幸福和自由。

❸ 人類最初擁有 ＿＿＿＿＿＿＿＿ 權，

可以 ＿＿＿＿＿＿＿＿ 跟隨上帝或是跟隨自己。

❹ 亞當夏娃沒有選擇信靠上帝，他們背叛上帝並且 ＿＿＿＿＿＿＿＿，

於是他們像上帝的部分就 ＿＿＿＿＿＿＿＿ 了。

❺ 上帝可以原諒亞當夏娃，但祂無法阻止選擇造成的 ＿＿＿＿＿＿＿＿。

從此以後，所有的人類一出生便帶著 ＿＿＿＿＿＿＿＿，

包括你和我。

家長簽名　　　　　　　　　老師簽名

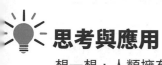

思考與應用

想一想，人類擁有選擇權，可以自由選擇喜歡的事物。但你有沒有一個一直很想改掉、卻一直無法改變的壞習慣呢？（例如：總是上網或玩電腦玩到很晚、第二天很難早起。）你覺得可以藉著祈求上帝幫助來改掉這習慣嗎？寫下檢討後你認為可以改變的方法。

壞習慣	如何改進
總是上網或玩電腦玩到很晚，第二天很難早起。	
1	
2	
3	

聖經章節

在天上就有了爭戰。……
大龍就是那古蛇（撒但），……牠被摔在地上。
啟示錄 12：7，9

08 耶穌與撒但之間的爭戰

你是否曾經和兄弟姐妹或朋友吵過架呢？嗯，不過耶穌和撒但之間的爭戰可沒那麼簡單。在這場爭戰中，耶穌的目的是為了展現上帝的公正和仁慈；相反的，撒但卻是要千方百計使人相信上帝是不公平且狡詐的。

上帝用愛創造了宇宙。祂賜給人和天使可以選擇的自由。人可以選擇彼此相愛並且愛上帝──或者也可以選擇彼此嫉妒並且仇恨上帝。路錫甫是天上最重要的天使，卻是第一個選擇不相信上帝的。路錫甫喜歡掌權，愛發號施令。他不喜歡有人指使他該做的事，連上帝也不行。「我的聰明才智足以讓我為所欲為，」他告訴其他天使。「如果我們真像上帝所說是自由的，祂必須讓我們做想做的事。」

上帝告訴路錫甫：「我愛你，」祂說，「你有選擇的自由。但是如果你寧願選擇恨而不願選擇愛，你一定會滅亡。」

路錫甫不願聽從祂。很多天使也信了他的話。路錫甫和跟隨他的天使破壞了上帝愛的律法。因此上帝無法再讓他們待在天堂。《聖經》上記著說：「在天上就有了爭戰。」（啟示錄 12：7）耶穌將路錫甫和一眾跟從他的天使趕出了天庭。自那時起，路錫甫便成了我們今天所熟知的撒但。

當耶穌創造亞當夏娃時，撒但在一旁冷眼旁觀。他聽見耶穌吩咐他們：「園中樹上的各樣果子你們都可以吃，唯獨這一顆樹上的果子不能吃。你們若吃這果子就必定死。」那果子沒有毒。但這是一項考驗，亞當夏娃會信靠上帝，還是聽從撒但呢？

當然，就如你所知的，夏娃吃了那果子，亞當也吃了。

「你看吧！」撒但對上帝說：「沒有人可以遵守你的律法。你要不就殺了所有人，要不就讓所有人永永遠遠做他們自己愛做的事——就算犯罪也一樣。」

但耶穌和天父設立了一個計劃。耶穌會以一個嬰孩的方式來到人間，並且像所有人一樣長大成人。祂會教導人要信靠上帝，而他們若願意遵行祂愛的律法，就將擁有幸福。

再者，雖然耶穌是完美無罪的，祂卻為人死去，讓人可以免除滅亡的命運。任何相信且信靠祂的人，會如上帝最初所計劃的那般，永遠地活著。靠著成為人類，並且遵守上帝愛的律法，耶穌最終贏得了這場爭戰。祂證明了上帝是公平公義的。藉著為人類而死，祂表明了上帝對人的愛。

教學妙點子

❶ 讓孩子明白耶穌和撒但之間的爭戰，並不是所謂具體的戰爭，是一項很重要的功課。幫助他們複習他們爭戰的原因（耶穌是為了表明上帝的公平與慈悲，撒但卻是千方百計要人相信上帝不公不義）以及耶穌爭戰的方法（藉著成為人並且守上帝愛的律法）。

❷ 讓孩子畫一幅畫，畫中有撒但偽裝成蛇掛在樹上，夏娃注視著樹上的果子。然後請他們寫下他們自己希望夏娃對蛇所說的話。

總結　當路錫甫選擇不再跟隨上帝，他和其他跟隨的天使被趕出天庭。變成了撒但之後，他誘惑亞當夏娃懷疑上帝，因此他們也犯了罪。但耶穌藉著成為人，過無罪的生活，並為了我們的罪而死，來贏得了這場爭戰。

8 學習單

複習 是非題

依本課內容回答下列問題,在正確空格內打(✓)

是	否	問題
☑	☐	1. 罪的起源來自天上,一位名叫路錫甫的天使。
☐	☐	2. 上帝不給路錫甫選擇權,祂指使他該做的事。
☐	☐	3. 天上起了爭戰之後,耶穌將路錫甫和跟隨他的天使趕出了天堂。
☐	☐	4. 路錫甫之所以背叛上帝,是因為他想和上帝一樣。
☐	☐	5. 亞當夏娃可以吃伊甸園中任何樹上的果子。
☐	☐	6. 耶穌吩咐亞當夏娃不能吃分別善惡樹上的果子,是因它有劇毒。
☐	☐	7. 為了拯救我們,耶穌以一個嬰孩的身分來到人間。
☐	☐	8. 撒但以「沒有人可以完全遵守上帝的律法」為理由來控訴上帝。

基督復臨安息日會基本信仰 28 條

家長簽名　　　　　　　　　老師簽名

思考與應用

想像一下，如果你是亞當或夏娃，當你站在分別善惡樹前面，聽見撒但化做一條美麗的蛇對你說：「把那果子摘下來吃吧！你吃了就會變得和上帝一樣聰明有能力，祂這麼愛你，應該不會介意的。」**你該如何回應撒但的話，才能不上他的當呢？把你的回答寫下來。**

09

聖經章節

上帝愛世人，甚至將祂的獨生子賜給他們，
叫一切信祂的，不致滅亡，反得永生。
約翰福音 3：16

耶穌的生、死、與復活

亞當選擇聽從撒但而非耶穌。因為如此，全世界都陷在罪裡。動物之間開始互相攻擊，植物中長出了尖刺，生物相繼死去。人類開始老化，患病，甚至死亡。

因此上帝執行了祂的計劃。《聖經》上說：「上帝愛世人，甚至將祂的獨生子賜給他們，叫一切信祂的，不致滅亡，反得永生」（約翰福音 3：16）。

上帝將耶穌賜給了我們。耶穌在人間誕生，正如其他人類的嬰孩一樣。祂像故鄉裡的其他孩子一樣長大。但祂不只是像他們而已，祂是人類，如你我一般，但祂也是上帝。

耶穌教導人們他們可以信靠上帝，因為上帝非常愛他們。祂在地上生活了一輩子卻沒有犯罪。祂從未做錯任何事。祂一生總是順服上帝對祂的計劃。藉著這樣的生活，祂向我們證明我們不必與上帝為敵。我們可以做到在每日的生活中跟隨上帝，就像祂所行的。

因為亞當夏娃犯了罪，所有地上的人類都成了上帝的敵人。他們都會逐漸老去、死亡。而更糟的是，他們將永遠死亡，永遠不可能回到天家。

耶穌從未犯過罪，祂不是上帝的敵人。但因為祂非常愛所有人，祂說：「我會代替你，好讓你不用死去。我會承擔一切的罪惡。你可以獲得我的獎賞，那就是跟隨上帝，並永遠住在天家。」

所以耶穌任憑惡人捉住祂、鞭打祂、並且將祂釘在用木頭製成的十字架上。祂死在十字架上，是為了能讓我們永遠在天上，若我們願意選擇如此。我們只需要求告祂來拯救我們，並將自己獻給祂。

　　耶穌死後被埋葬，但祂並非就此死去。耶穌死後的第三天，祂復活了。祂證明了上帝比撒但更有力量。祂證明了每位屬祂的人都能永遠回歸天家，無論他們在地上曾經發生過什麼事。

　　耶穌為我們活過──祂向我們顯明了人該如何跟隨上帝。耶穌為我們而死，祂為我們承擔了罪的責罰，把祂得到的獎賞賜給我們。而耶穌的起死回生向我們證明了上帝的確比撒但更有能力，天家也是祂所持守的應許。

教學妙點子

❶ 如果可以，給每個孩子一個小盒子和少許包裝紙。說：「上帝是如此愛我們，因此祂將祂的兒子耶穌賜給我們。如果你可以送給上帝一個禮物，你會送祂什麼呢？」請他們將自己的答案寫在紙上，將紙張放在盒子內，並將想送給上帝的禮盒包裝好。

❷ 問孩子以下這些問題：「若耶穌是你在學校班上的朋友，或是在安息日學分班的朋友，那會是怎麼樣的情形呢？」「祂下課時間會做些什麼？祂午餐時間又會做些什麼呢？」

❸ 備選活動：選用兒童版的《聖經》，朗讀耶穌復活的故事。然後請孩子們畫出耶穌在那一天清晨復活的景象。提醒他們畫中要包含天使以及挪開的大石頭，還有駐守在墓外的羅馬士兵。

總結　在上帝和耶穌創造世界和人類之前，他們預備了一個「危機處理」計劃。他們預備了若人類選擇跟隨撒但的情況真的發生，而他們因此成了罪人──上帝的敵人的話，他們要怎樣拯救人類。

複習

請圈選符合課文敍述的字母選項，答案可能不只一個。

❶ 亞當選擇聽從撒但而非耶穌之後，罪惡的影響使得：
- ⓐ 動物之間開始會互相攻擊。
- ⓑ 花朵開得比從前更美麗、永不凋謝。
- ⓒ 人類開始老化、生病甚至死亡。

❷ 上帝將耶穌賜給人們。耶穌來到世上時：
- ⓐ 直接以祂在天上的形象來到人間。
- ⓑ 經歷嬰孩時期和成長。
- ⓒ 和其他人類完全一樣，沒有什麼不同。

❸ 為了拯救我們脫離罪，耶穌為我們做了以下事情：
- ⓐ 祂代替我們承擔罪責，好讓我們可以跟隨上帝。
- ⓑ 打擊惡人，將他們釘在十字架上。
- ⓒ 自己死在十架上，使我們有機會在天上與祂相聚。

❹ 耶穌被埋葬之後，祂：
- ⓐ 在死後的第三天復活了。
- ⓑ 證明了上帝比撒但更有力量。
- ⓒ 並不能保證屬祂的人都能回天家。

家長簽名

老師簽名

 我的感想

思考耶穌為了拯救我們所做出的犧牲，寫一則私人簡訊給耶穌，表達你的感受。

聖經章節

你看父賜給我們是何等的慈愛，
使我們得稱為上帝的兒女；我們也真是祂的兒女。

約翰福音壹書 3：1

10 | 上帝如何拯救人類

你知道領養是什麼意思嗎？我家有一隻狗叫做潔絲，牠領養了一隻名叫小虎的貓。當我們第一次將小虎從動物收容所帶回家時，潔絲並不喜歡她。潔絲立刻吠了起來並且跑得遠遠的。

小虎不喜歡獨自一人，所以沒有人抱她的時候，她就不停地哀嚎。當潔絲聽到她嚎叫時，就會來一探究竟。

小虎很喜歡潔絲，她會跟著她到處走。一開始，潔絲並不理會她。她會自顧自地吠叫跑開，自己玩，留下小虎一個人。每一次潔絲躺下來休息，小虎都會在她身邊，黏著她，纏著她。

不久後，潔絲便把小虎當成她自己的寵物了。他們會一起玩耍、吃飯、睡在同一個地方。潔絲將小虎納入了她的家庭圈──即便貓和狗其實不太可能是一家人，但他們成為多年的朋友。

當上帝為我們提供拯救時，祂其實為我們做的也是同樣的事。拯救是個有重大意義的詞，意思是「被拯救」或是「被挽回」。就像你可以將溺水的人從水裡救出來，上帝也同樣藉著將我們納入祂的大家庭來拯救我們。

我們所有人都是罪人，但上帝還是愛我們。《聖經》上說：「惟有基督在我們還作罪人的時候為我們死，上帝的愛就在此向我們顯明了。」（羅馬書 5：8）

甚至在我們還是罪人，並不屬於祂的家庭時，上帝就希望我們能成為祂的家人。當我們說出：「我愛耶穌，而我相信祂死是為了拯救我們脫離罪，」祂便接納我們加入了祂的大家庭。隨後，我們可以祈求上帝饒恕我們過去所犯下的錯事

及惡事，並要求祂來改變我們，以便我們可以永遠像耶穌。

　　這使我們得以成為上帝家中的一分子！當我們成為上帝家中的成員時，我們便可以計劃著回到天家，與祂永遠同住在一起。

　　上帝有一個特別的計劃，可以幫助我們過像耶穌一樣生活。祂差遣聖靈來教導我們。聖靈對我們的心說話，幫助我們學習更像耶穌，幫助我們記住要效學耶穌生活的榜樣，永遠以仁慈善良待人，永遠信靠上帝。

教學妙點子

❶ 分享一則你和動物朋友之間的故事，或者要求孩子們分享他們所知道的故事。提醒他們上帝是如何接納我們成為祂大家庭中的成員。

❷ 問：「你是否曾經有過陷入危險的經驗，而後又被人拯救呢？」或者分享一則你知道關於拯救的故事。然後和孩子們溫習拯救以及被拯救的意義。

❸ 向孩子們展示如何製作族譜。然後告訴他們畫出一顆擁有很多枝條的樹，上面可以寫出任何他們希望納入他們大家庭的人。提醒他們，這可以包括親人、朋友、教友和上帝。

總結　即便我們犯罪，祂仍然愛我們，並且差遣耶穌來拯救我們。當我們接受耶穌，祂便接納我們進入祂的大家庭。

10 學習單

複習 是非題

依本課內容回答下列問題，將正確敘述前的圖案塗色或填滿：

是	否	問題
♡	♥	1. 在我們當中有些人生來就是罪人，有些人則不是。
♡	♡	2. 上帝只愛那些愛祂和遵從祂的人。
♡	♡	3. 當我們宣告愛耶穌，願意接受祂為救主， 上帝就接納我們加入祂的大家庭。
♡	♡	4. 我們加入上帝的家庭後不必再做任何努力， 只要我們一直愛祂，犯一些小罪是無關緊要的。
♡	♡	5. 我們可以透過聖靈的幫助，學習讓自己更像耶穌。
♡	♡	6. 撒但以「沒有人可以完全遵守上帝的律法」為理由來控訴上帝。

我的感想

在這張下列這宣誓卡片上簽名,提醒自己已接受耶穌為你的救主。照你喜歡的方式畫圖或框裝飾這張卡片,完成後可以將它剪下來放在你常看得到的地方。

親愛的耶穌

我相信祢為我死在十字架上,

所以我的罪才得以赦免。

我願意接受祢為我個人的救主

及天父賜下的這份永生的禮物。

我要祢做我最好的朋友,

從現在直到永遠。

姓名:＿＿＿＿＿　日期:＿＿＿＿＿

請影印後使用

11

 聖經章節

我們眾人既然敞著臉得以看見主的榮光，好像從鏡子裡返照，就變成主的形狀，榮上加榮，如同從主的靈變成的。
哥林多後書 3：18

在耶穌裡成長

你有沒有種過什麼種子並看著它成長呢？有一次我在我窗外的花台上種了一粒種子。（我沒有告訴我媽媽！）我用心地為它澆水，看顧著它，在溫暖的陽光下沐浴幾天後，它冒出了尖芽開始成長。每一天它都不斷地長出更多的葉子，也長得更高。

但是有一天早晨我去看花台時，竟然發現我的植物死了！我急忙衝到外面去，要看看到底發生了什麼事，於是我找到了原兇。那是一隻很大的綠色毛毛蟲，它在啃蝕我的植物。

當種子擁有土壤、水分和陽光時，它就能發芽生長。但它們仍然需要有人保護，讓它們遠離敵人——尤其是那些喜歡拿它們當午餐吃的昆蟲。

基督徒就像種子。我們可以成長得越來越像耶穌，但我們也需要保護，使我們能逃離我們的敵人——撒但。而耶穌比這世上任何的殺蟲劑都來得有效！

當耶穌在世上時，祂曾經與撒但和他的爪牙多次交手。但那不是拳腳相向式的對決——那用不了任何一招一式。當耶穌命令撒但離開時，撒但就離開了。但他永不放棄任何可以傷害耶穌的機會。

撒但在曠野中千方百計想引誘耶穌上當。他和其他的惡天使藉著控制人心，想使人們傷害自己，也傷害別人。但是當耶穌看到這些人時，祂命令惡天使離開，他們就離開了。

當耶穌死在十字架上時，撒但想著這下他贏了。但他並沒有贏。耶穌為祂所愛的人而死，藉此祂令邪永不能勝正。耶穌在這場戰爭中取得了勝利，這意味著將來有一天，撒但和那些跟從他的惡勢力都要永遠被消滅。

　　正因耶穌勝了這場戰爭，我們也成了其中的贏家。當我們跟隨祂，並有聖靈在心中居住時，我們便有了力量，無論他們何時誘惑我們做壞事，我們都能有力量抵抗邪惡勢力。我們不必害怕撒但的能力，因為耶穌已經擊敗了他。

　　每一天我們都可以不斷成長，變得越來越像耶穌。當我們藉著禱告與祂交談、讀經、口唱詩歌讚美祂，並且在教會一同敬拜祂之時，我們便不斷地成長。當我們幫助身邊的人，告訴他們關於上帝的愛，耶穌便會隨時隨地，天天與我們同在。

教學妙點子

❶ 如果可以，協助孩子們利用塑膠杯來種豆子的種子。當種子發芽生長時，以此為例提醒孩子們，我們是如何成長得越來越像耶穌。

❷ 問：「植物的敵人有哪些？」（昆蟲、缺少水分、會吃植物的動物、缺少營養或肥料，或者更多）然後問：「作為基督徒，我們的敵人是誰？為什麼我們不需要懼怕這些敵人？」

❸ 讓孩子們在一張白紙中間劃出分隔線，一邊列出可以讓種子發芽生長的東西，另一邊列出能令我們成長得更像耶穌的事物。

總結　因為耶穌在十字架上擊敗了撒但，我們也能擊敗他。藉著倚靠聖靈，我們可以天天成長，越來越像耶穌。

學習單

複習 是非題

依本課內容回答下列問題，將正確敘述前的圖案塗色或填滿：

是	否	問題
○	✖	1. 基督徒成長過程中會遇到撒但的挑戰和試探，我們只能倚靠自己變得堅強，來抵抗他。
○	✖	2. 耶穌在世上時，曾經多次遭遇撒但試圖誘惑祂，但總是被祂喝令離開，撒但從來沒有得逞。
○	✖	3. 當耶穌死在十字架上時，便代表撒但贏了他和上帝之間的戰爭。
○	✖	4. 我們每一天都可以藉著禱告、讀經和唱詩歌，變得越來越像耶穌、不斷成長。
○	✖	5. 將來到了末世時，撒但和跟從他的惡人都會被消滅。

家長簽名　　　　　　　　　　老師簽名

 思考與應用

想一想，「試探」的定義就是——任何能破壞你與耶穌之間友誼的事情。上網查詢或翻閱報章雜誌，找出撒但可能試圖誘人犯罪的廣告。整理後思考下列問題，並寫下你的看法與班上討論：

❶ 現今撒但用來破壞我們與耶穌關係的主要方法是什麼？

❷ 另外還有哪些試探並未出現在我們收集的雜誌廣告上？那些試探是什麼？

❸ 我該如何保護自己不落入撒但的試探？

12

聖經章節

你們不可停止聚會，……倒要彼此勸勉。

希伯來書 10：25

上帝在人間的家

　　你的家庭成員多嗎？我有兩個兄弟還有兩個姐妹，所以我一直覺得我有一個大家庭——特別是在需要輪流等待的時候！但有一年暑假，我父親的姐姐來拜訪我們。她的三個小孩——我的堂兄弟姐妹們 也是我的家人。事實上，我的父親有三個姐妹，而她們的孩子全部加起來，就能讓我的大家庭比我想像中大更多。

　　可是你知道嗎？我媽媽有七個兄弟姐妹！當他們所有人——我所有的阿姨和舅舅，以及他們的孩子——全部到齊時，人數多到連我都數不清。

　　我們的教會就像一個大家庭，它是上帝在人間的家。但這個家庭的成員，要比和你在安息日一起上教堂的人數還要多。這人數也遠比你的教堂所有位子都坐滿的人數來得多。上帝在人間的家人也包括全世界所有在復臨教會中的成員。數以千萬的復臨信徒每週都上教堂，他們也都是你的家人。

　　但我們的大家庭甚至比這規模還要更大！上帝在地上的家包含來自不同教會的人們。它也包括住在大城市裡，以及住在鄉間樹林裡的人們。它還包括住在每年冬天都必須鏟雪，以及每天都得擦防曬油地區的人們。它更包括那些白髮、黑髮、藍色眼睛、褐色眼睛、皮膚白皙或黝黑的人們。

　　這個大家庭包括世上每一個愛耶穌、每一個正在學習跟隨祂的人！

　　我們在教堂一起讚美上帝，學習《聖經》，花時間與我們同在大家庭裡的人相處。我們或許會有牧師或其他教會領袖，但我們教會的真正領袖是耶穌基督。

　　《聖經》上說教會就像一個人的身體，而耶穌就是這身子的頭。「惟用愛心說誠實話，凡事長進，連於元首基督，全身都靠祂聯絡得合式，百節各按各職，

照著各體的功用彼此相助，便叫身體漸漸增長，在愛中建立自己」（以弗所書 4:15,
16）。

最好的事就是，《聖經》應許說耶穌很快就會來到世上，接祂的家人回天
國與祂永遠團聚。

教學妙點子

❶ 讓孩子們數數看他們家裡一共有多少人。他們可以從自己家開始，再加上祖父母、
堂兄弟姐妹、姑姑阿姨還有叔叔舅舅等。若孩子們要連繼父／母的家庭一併計算
也可以。

❷ 利用一張世界地圖或地球儀，讓孩子能夠理解他們所處的復臨教會家庭規模有多
大。查詢一下你們教會，你所屬的區會，以及聯合會有多少教友。

❸ 請孩子們列出他們當地教會大家庭中，各種不同膚色或種族的人們。提醒他們注
意到一個大家庭是由許多不同的人組合而成的。有老人、年輕人，高個子、嬌小
的人，還有不同國家、膚色和種族等等。以這方面的觀察提醒孩子，我們自己家
裡的成員或許會在長相和行為上都很類似，但是上帝的大家庭卻是由各種不同的
人所組成的。

總結

每個愛耶穌、且願意學習跟從祂的人，都是上帝在這世上大家庭中的
一份子。這個大家庭是由各種各樣不同的人所組成的，而耶穌就是我
們的領袖。

12 學習單

 **My Worship Notes**
我的聚會筆記

教會是上帝在人間的家。這大家庭的成員包括每一個愛耶穌、每一個正在學習跟隨祂的人！請你將今天聚會的過程，依下列格式記錄下來：

◎ **我們唱的詩歌**

 1　　2　　3　　4

這些詩歌裡，我最喜歡的是：＿＿＿＿＿＿＿＿

◎ **仔細聆聽證道內容，聽到下列字詞時請做記號標示，並記下各字詞的總數：**

《聖經》　正正　10 次

耶穌

愛

見證

上帝

基督徒

禱告

關懷／關心

家長簽名

老師簽名

◎ 將證道的題目、引用的章節和主要內容寫下來：（可以請大人協助喔！）

題目：

	舊約／新約	書卷名稱	章節	主題
例	新約	馬太福音	2：11	東方博士來朝見耶穌
1				
2				
3				

引用章節

◎ 主要重點：

◎ 從今天的聚會每一項活動中，你認識到教會是一個什麼樣的地方？ 請用自己的話描述。

13 最後的餘民

聖經章節

**聖徒的忍耐就在此；
他們是守上帝誡命和耶穌真道的。**

啟示錄 14：12

你有沒有玩過「踢罐頭」遊戲呢？這遊戲有點像是捉迷藏，也跟搶旗子的遊戲有點類似。一個人要閉上他的眼睛並且倒數，而其他人可以跑去躲起來。負責當鬼的人要試著將所有人找到，並且阻止有人踢罐子。如果當鬼的人看見你，你必須在其他人到之前趕緊跑去踢罐子。若他們比你先踢了罐子，你就出局了。但如果你在他們所有人之前先踢了罐子，你就是贏家。

有一天我們在玩踢罐子，那天當鬼的是我哥哥。他動作很快——幾乎我們所有人都跑不過他，所以每個人都被他抓住了。到最後只剩下我的堂哥霍斯和我兩個人。

「我們來試試看，」我對他說悄悄話。「你負責從房子的這一側跑，我負責從另一側跑。等跑到了同一個角落，我們便一起揮手。如果他向著你這裡跑來，我就從他身後繞過去踢罐子。如果他選擇向我跑過來，你也如法炮製。」

所以我們就跑回同一個角落並且向他揮手。當我哥哥朝著霍斯的那一側跑去時，我便用盡全力跑過去踢罐子。我是我們當中僅剩的最後一個，所以我贏了！

耶穌曾應許會再度來到世上，接祂的子民去天家。但祂也說到，在祂回來之前，地球會變成一個非常可怕的地方。在末世期間——就是在耶穌尚未來臨之前——大多數的人都會忘記上帝，隨從自己的心任意妄為，即便是邪惡及出自私慾的事。

最後還愛耶穌的那群人，還仍然遵守祂的誡命和忠心跟隨祂的人，會被賦予一項特別的任務。他們要向世人宣告耶穌即將來臨的消息。他們會向世人提出警告，主再來的那一日——也就是耶穌再來的日子——近了。

　　以下這話會成為他們的警告：「但主的日子要像賊來到一樣。那日，天必大有響聲廢去，有形質的都要被烈火銷化，地和其上的物都要燒盡了。」（彼得後書3：10）

　　而最後留下來的人——餘民，要做的不僅僅只是警告世人。他們要不斷地向世人傳講耶穌對他們的愛。無論遇到多難多壞的景況，他們都選擇忠心跟隨主。你願意成為餘民之一 ——最後一群向世界宣告耶穌即將復臨好消息的人嗎？只要你願意天天跟隨祂，你也可以是祂的餘民。

教學妙點子

❶ 如果合適，和孩子們玩遊戲，直到產生最後一位贏家為止（例如：大風吹或捉迷藏）。之後，提醒他們最後留下來的人將成為跟隨耶穌的人，他們在末世時會有特別的工作。討論他們應該如何持續讀經，認識耶穌，好向別人傳揚祂的福音。

❷ 幫助孩子們去製作一份報紙，內容是關於末日見證的報導。指定一個孩子或一組孩子們去報導較負面的新聞，例如戰爭、天然災害、人們出於私慾及邪念所做的壞事，以及另外仍然有一班人，不斷地在向其他人宣講耶穌對世人的愛。你也可以要求孩子們為自己所做的報導繪製相關的圖畫來說明。將圖畫和報導貼在較大的紙張上，做為報紙的封面。

總結
餘民——就是在世上最後一群跟隨耶穌的人——在末日來臨之前將進行特別的工作。

學習單

複習 是非題

依本課內容回答下列問題，在正確空格內打（ ✓ ）

是	否	問題
☐	☑	1. 在末世時期，地球會如往常一樣美麗，各國之間也享有和平。
☐	☐	2. 耶穌來臨之前，大多數的人都會在心裡記念上帝、並遠離惡事。
☐	☐	3. 在末世還遵守上帝誡命並忠心跟隨祂的人，上帝會將傳揚末世福音的責任交托給他們。
☐	☐	4. 耶穌再來時是有固定日期的，我們可以事先得知祂何時到來。
☐	☐	5. 在末世時這個有罪的世界將再一次被大洪水所滅。
☐	☐	6. 餘民的任務不僅是警告世人，也要傳講耶穌的愛。

思考與應用

利用美術工具及畫筆，在右邊製作一張宣傳單，內容必須包含：
❶末日快來的警告；以及❷耶穌愛世人的福音。

家長簽名

老師簽名

警告!
WARNING!!

好消息!
GOOD NEWS!!

14

聖經章節

我們這許多人，在基督裡成為一身。
羅馬書 12：5

一起在天家

你有兩隻眼睛兩隻耳朵，還有十隻手指十隻腳趾。另外，你有一顆心臟會不斷湧動、輸送血液到你的全身，還有肺可以呼吸空氣。你知道你全身一共有多少塊骨頭嗎？當人類的身體停止生長時，它總共有 206 塊骨頭。

你的每一顆牙齒、每一根頭髮、每一寸皮膚，你的身體是由許多不同的部分組合而成的。這些不同的部分都相互連結產生作用，才能使你強壯又健康。

試想你的耳朵如果突然說：「喂，我們對於老是待在頭的兩側很不耐煩。我們想要換到前面的位置，像眼睛一樣看東西，」該是多麼愚蠢的事。或者你的腳趾突然說：「我們一天到晚踢東西好無聊，我們想要像手指一樣可以丟東西。」

我們的身體不是這樣彼此工作的。我們身體的每一部分都不同，每一部分都非常重要，可以使整個身體正常運作。

教會也是如此。它就像一個身體，所有人都是屬它的一部分。就像我們身體的每一部分功能都不相同，教會裡的人也都不一樣。他們來自許多不同的國家，講不同的語言。有人個子較高，有人身材比較嬌小。有人捲髮、有人直髮，有些人膚色黝黑，有些人皮膚卻很白。

他們來自不同的家庭，但他們都加入了上帝的教會，因此他們成了教會大家庭中的一份子。在教會裡，你是個男孩或女孩、家中是富有還是貧窮、或者喜歡青花菜勝過香蕉，通通都沒有關係！最重要的是，你是這大家庭中的一份子。

《聖經》上說：「正如我們一個身子上有好些肢體，肢體也不都是一樣的用處。我們這許多人，在基督裡成為一身，互相聯絡作肢體，也是如此」（羅馬書 12：45）。

正因我們都愛上帝，我們擁有共同的信仰——相信耶穌降臨是為了拯救我們。我們擁有共同的盼望——相信耶穌將來有一天會再來，接我們所有人回天家。正因如此，我們都有共同的任務——我們要帶領世上所有人認識耶穌。

因為天父上帝、耶穌、聖靈都同心協力拯救人類，我們也要如此做來幫助他們。無論我們是誰，我們都與教會同心協力，邀請其他人加入上帝的大家庭。

教學妙點子

❶ 讓孩子們試著畫畫看，如果一個人的五官都安在不同的位置，那麼一個人的臉看起來會是如何？假如耳朵想當眼睛，眼睛想當牙齒，看起來會是如何呢？為使活動更有趣，說明身體的每一部分都必須如何分工合作，才能使整個身體正常運作。

❷ 如果可以，安排讓孩子們去為一些教友做訪談，好更進一步地認識他們。讓他們問一些問題。例如：你最喜愛的食物是哪些？你受洗時幾歲？你家裡有多少人？關於教會，你最喜歡哪一部分？

❸ 問孩子們：「教會的教友們如何一同作工？他們一起作了哪些事來帶領其他人認識耶穌？」

總結 教會是由許多不同的人所組合而成的，他們一起分工合作，好向全世界宣講耶穌。

14

學習單

複習 ◎《聖經》上說教會就像一個身體，就如我們身體的每一部分功能都不同，教會裡的人也都不一樣。大家一起分工合作，宣講耶穌的福音。**請你在教會中訪問至少兩個人，依下列格式記錄下來：**

我的採訪筆記

第 1 位受訪者	第 2 位受訪者
❶請問你的姓名？你來自什麼地方／是哪裡人？	
❷你平日的興趣／嗜好是什麼？	
❸你從何時起開始來教會呢？您已經受洗了嗎？	
❹是什麼原因使你願意一直持續來到教會呢？你最喜歡教會哪一部分呢？	

❺目前在教會裡有服事嗎？是什麼樣的工作呢？

❻我們應當怎麼做，才能讓教會的運作更能發揮效果呢？

從以上的訪談之中，你認為教會為何需要由許多不同的人分工，才能夠順利運作？請用自己的話描述。

15

聖經章節

**你們各人要悔改，奉耶穌基督的名受洗，
叫你們的罪得赦，就必領受所賜的聖靈。**

使徒行傳 2：38

浸禮

你喜歡吃葵花子嗎？我很喜歡。我喜歡吃那種帶殼的葵花子。葵花子非常的小，小到我可以把一個放在我的牙齒之間咬碎。咔嚓的一聲，殼就裂成兩半，種子就掉在嘴裡了。嗯，真好吃！

有一年夏天，我試著種了一顆向日葵，想要自己種出葵花子來吃。所以我把種子埋在籬笆旁的土裡，小心的澆水並等待結果。不久後，小小的綠色植物向著天空發芽生長，我持續地澆水，每一天它們都不斷地成長。

當我將種子種下時，我認為向日葵只是一株長著碩大花朵的矮小植物。但我錯了！我的向日葵不斷生長，大到比我還高出許多──甚至比籬笆還高。而植物頂端開出的花真是碩大，它們甚至比家裡廚房擺放的盆栽還要大！

浸禮在很多方面和向日葵很像。假如我們要成長，變得像耶穌那樣仁慈又美善，我們就必須將自己像種子那樣種下。但我們受洗時，我們並不是將自己埋在土裡，我們是將自己埋在水裡。

我們相信浸禮應該照著耶穌所做的──我們全身浸到水中，再從水裡起來。當我們全身入水時，就象徵過去的我們已經死去，當我們再從水中出來時，就宛若新生一般。如同向日葵種子發芽時一樣，我們徹底轉變了。所有我們曾經做錯的事──我們的罪──都被赦免了。如今我們已將自己預備好成長，在每日的生活裡，變得越來越像耶穌。

當我們選擇受洗時，我們就是在藉此告訴每個人，我們相信耶穌為我們而死並且復活，並預備在將來接我們回到天家團聚。

當你受洗時，你便是告訴所有人，你已經研讀過並且深信《聖經》所教導的。這便是為什麼我們大多數人都會先去查經班，所以我們才能真正了解《聖經》的教導。

《聖經》教導的其中一件事，便是我們應該受洗。當有人想跟隨耶穌時，彼得告訴他們：「你們各人要悔改，奉耶穌基督的名受洗，叫你們的罪得赦，就必領受所賜的聖靈。」（使徒行傳 2:38）。

那也是一份當你受洗時會得到的禮物。聖靈會幫助你了解《聖經》。它也會教導你如何順從父母，它會幫助你成長，就像我的向日葵一般──越長越高，越來越美麗，每天越來越像耶穌。

教學妙點子

① 如果可以，向孩子們展示帶有葵花子的向日葵花，讓他們了解種子是如何生長的。若沒有花，也可以帶葵花子（或其他種子），並且鼓勵孩子們在家中種植。

② 浸禮就像是死去又重生的概念，對孩子們來說可能比較難以理解。利用種子埋在土中，然後像一顆植物般發芽的概念，來幫助孩子們認識浸禮的意義。

③ 讓孩子畫出許多含有他們自己臉孔和朋友臉孔的花朵，在中間部分的花則畫上自己的家人，另外在畫紙頂端，寫上「我要越大越像耶穌」。

④ 此時會是個好機會，可以問孩子們當中是否有人有興趣更進一步了解《聖經》然後受洗。

總結 《聖經》教導我們應該要受洗，藉此向世界宣告，我們選擇耶穌做為我們個人的救主，我們要不斷成長，變得越來越像祂。

複習

請圈選符合課文敘述的字母選項，答案可能不只一個。

❶ **浸禮時是全身浸水，不是灑水在頭上，這樣做是因為：**
　　ⓐ 人的成長就像植物，需要吸收足夠的水分。
　　ⓑ 代表過去的罪已死，與耶穌同埋葬。
　　ⓒ 從水中出來便是新生，在耶穌裡得到新生命。

❷ **我們選擇受洗時，是在藉此宣告：**
　　ⓐ 我們相信耶穌為我們的罪犧牲。
　　ⓑ 我們還不太認識耶穌，所以要開始學習《聖經》。
　　ⓒ 我們相信《聖經》的教導，願意預備自己將來與主相聚。

❸ **彼得認為若有人想跟隨耶穌，他必須做到哪些事？**
　　ⓐ 奉耶穌基督的名而受洗。
　　ⓑ 真誠的為罪而悔改。
　　ⓒ 接受測驗，看那人是否足夠了解《聖經》。

❹ **當你受洗時，誰會來陪伴你，幫助你日後的成長？**
　　ⓐ 天使
　　ⓑ 聖靈
　　ⓒ 撒但

家長簽名	老師簽名

我的感想

請讀馬太福音 3：13-17，思考文中描述耶穌受洗時的情景。然後，在教會舉行浸禮時參觀此儀式，記下你對此事的觀察感想：

◎ 預備受洗的人穿什麼衣服？
　浸禮池是什麼樣子？

_____

_____

◎ 我聽見主持浸禮的牧師說：

_____

_____

◎ 我認為浸禮的意義是：

_____

_____

16

聖經章節

**你們每逢吃這餅，喝這杯，
是表明主的死，直等到祂來。**

哥林多前書 11：26

耶穌的最後晚餐

在耶穌去世的前一晚，祂和祂的門徒一起共進了一次特別的晚餐。因為特別，每個人都穿上了他們最好的衣服。但在那個時代，大家腳上穿的都是涼鞋——因此當大家坐下來吃飯時，腳上都是髒的。多數時候，在重要的飯局裡，主人會特別僱用一位僕人，來為所有人在用餐前洗腳。但在這一晚，並沒有這樣的僕人在場。

當耶穌告訴門徒祂即將赴死的事時，門徒完全沒有聽進去。他們希望耶穌能登上王位，成為他們國家的王。他們坐下來彼此互相爭論，吵著將來在耶穌的王國裡，誰可以坐上最高的位子。

耶穌必須使他們的心思意念從自己身上移開，轉而聽祂要說的話。祂站起來，在自己腰間纏上了一塊布。然後祂打了一盆水，開始洗門徒的腳。他們一下子安靜了，彼此對望著。他們要耶穌做他們的王——但是祂的行為卻表現得像個僕人！

耶穌洗完他們的腳之後，他們靜靜地坐著聽祂說話。「我今晚為你們所做的，你們明白嗎？」祂問道。「在我的國度佔最重要位置的人，是那些願意彼此服事、照顧他人的人。」

然後耶穌拿起了一塊餅，擘開來分傳給眾人。「這餅就像我的身體，是我為你們而捨的。當你們吃它時，要記念我為你們所做的事。」接下來，耶穌舉起了一杯葡萄汁。「這果汁就像我的血，是我為你們而捨的。當你們喝的時候，為的是記念我。」

　　從那天晚上起，基督徒便一直舉行這特別的聖餐，為的是記念耶穌曾說過的話，以及祂死在十字架上時，為我們所做的事。我們也一直在舉行洗腳禮，便是當日耶穌與門徒所做的。這儀式提醒我們，我們應該要彼此關心、相愛，就如同耶穌愛我們每一個人一樣。每當我們彼此分享餅和果汁，我們就是記念耶穌曾應許，祂很快就要復臨。《聖經》上說：「你們每逢吃這餅，喝這杯，是表明主的死，直等到祂來。」（哥林多前書 11：26）

教學妙點子

❶ 為孩子們舉行聖餐禮儀。若情況允許可以邀請牧師來講述耶穌的故事、最後的晚餐以及聖餐禮儀式的意義。

❷ 問問孩子們，當耶穌說：「在我的國度佔最重要位置的人，是那些願意彼此服事、照顧他人的人。」之時，祂的意思是什麼？誰是教會裡最偉大、最重要的人呢？誰又是你家裡最偉大最重要的人？

❸ 為孩子安排合適的服事工作計劃。建議：他們可以為教堂的停車場清潔垃圾，為教會的社區服務中心提供幫助，或者在教會聚餐時幫忙預備或善後工作。提醒孩子們那些服事其他人的人，才是上帝國度中最偉大的。

總結　我們分享聖餐禮是為記念耶穌曾說過的話，以及祂在十字架上為我們所做的事。洗腳禮則提醒我們要像耶穌一樣關懷別人。

16 學習單

複習 是非題

依你對本課內容的理解回答下列問題，在正確敘述前寫 T（真），反之寫 F（誤）：

	問題
T	1. 按以色列的習俗，主人會在重要飯局中僱用僕人為賓客們洗腳。
	2. 門徒互相爭論，為了誰是耶穌最能幹的助手而爭吵。
	3. 耶穌說在祂的國中最重要的人，就是願意服事、照顧別人的人。
	4. 在聖餐禮中餅和葡萄汁代表《聖經》和聖靈。
	5. 聖餐禮的目的，是為了要提醒我們耶穌的死、埋葬和復活。
	6. 洗腳禮代表的是因信靠耶穌，我們的罪得以洗淨， 也表示我們渴望服事他人。

💡 思考與應用

列一張清單，名為「向耶穌展現愛的方式」。在這一週中，每一天都想出一個新方法，將它們寫在清單裡。若有機會在本週生活中實踐其中一項，請與班上分享你的方法和感想。

每 一 天 我 愛 耶 穌
EVERYDAY I LOVE JESUS

DAY 1	
DAY 2	
DAY 3	
DAY 4	
DAY 5	
DAY 6	

家長簽名

老師簽名

17

聖經章節

各人要照所得的恩賜彼此服事。
彼得前書 4：10

為上帝作工的特別恩賜

　　看見一份禮物包裝得光鮮亮麗，上面還寫有你的名字，這是不是一件很開心的事呢？你有沒有在拆開禮物前，試著猜一猜裡面是什麼呢？

　　有一次，在我生日的前一星期，我意外地發現一個寫有我名字的禮物。那個禮物體積不大，但很重。我搖了一下，裡面的東西也晃了一下。然後我又大力搖了一下，它便也更大力的晃動了一下。可是我還是猜不出裡面裝的是什麼。所以我就使勁地搖它，這一次我感覺到裡面的東西晃動得很厲害！事實上，我覺得裡面的東西已經破成碎片了！我趕緊把它放回床底下，裝作什麼都沒發生過。

　　我的生日終於到來，我先拆開了其他的禮物。這過程非常的有趣，但我一直很擔心那最後一件禮物。它到底裝的是什麼呢？是不是已經被我搖壞了呢？最後，我小心翼翼地拆開包裝紙並打開禮物盒。這禮物是一個手電筒！呃，或者應該說是手電筒的零件。但它並沒有壞，我把電池裝了回去，也把零件一一拼回去，它依然可以照亮！

　　我真的非常喜歡那個手電筒，因為我知道這禮物有著特別的含義。從現在開始，天黑之後只要需要有人到穀倉去看看牛，或者到雞舍去看看小雞的情況，我就會爭著去。因為我有了這件禮物，我知道我有一項重要的使命要達成。

　　在本書前面的其中一章，我們特別談到了身體如果要正常運作，就不能沒有眼睛、耳朵，還要有手和腳的協助。我們知道上帝的教會也是如此——若要運作的有效率，它需要由許多人同心協力合作。

　　上帝賜給教會裡的所有人予不同的才幹——就是讓某些人擁有可以做到特別

任務的能力。《聖經》裡管這樣的能力叫做「恩賜」。它們就像來自上帝的禮物，你不能拆開禮物就馬上獲得這樣的能力。有些你可以等到長大後再打開，有些可能要等到後來。假如教會要做到耶穌交托給我們的任務，那麼有許多工作都必須完成。當所有在教會裡的人都一起善用他們的恩賜時，每人都會感到開心，因為他們是為耶穌作工。

　　《聖經》上說：「我們所得的恩賜，各有不同。或說預言，就當照著信心的程度說預言；或作執事，就當專一執事；或作教導的，就當專一教導；或作勸化的，就當專一勸化；施捨的，就當誠實；治理的，就當殷勤；憐憫人的，就當甘心。」（羅馬書 12：6-8）

　　你可能還不知道上帝賜給你的恩賜是什麼，但祂已經把這些恩賜禮物都包裝好，並在上面寫了你的名字。當有一天你看見自己擁有的特別恩賜，你就會明白上帝要你成就的事。

教學妙點子

❶ 問每位孩子，與我們分享你曾經收到過的、最喜歡的禮物。提醒他們，上帝為他們每個人都準備了不同的禮物，這是一份他們長大之後會逐漸發現的禮物。

❷ 幫助孩子們，將下列的恩賜和教會裡的人、或你們認識的人配對：
❶幫助他人的恩賜、❷教導的恩賜、❸關懷的恩賜、
❹領導的恩賜以及❺給予的恩賜。

❸ 讓孩子們製作感謝卡，送給在教會裡使用自己的恩賜為上帝作工的人。建議感謝卡可送給：教會牧師、安息日學老師、接待員、聚餐負責人、查經小組組長以及教會司琴等人。

總結　上帝賜給我們每個人特別的恩賜和才幹，好讓我們可以為祂工作。

17 學習單

 複習 是非題

依你對本課內容的理解回答下列問題，在正確敍述前畫 ，反之畫 ：

問題
😊 1. 才幹是指某種可以做到特別事情的能力，而《聖經》裡稱這樣的能力叫做「恩賜」。
🙂 2. 教會要運作得有效率，只需要一位特別有能力的牧師就行。
🙂 3. 雖然我們年齡還小，尚不清楚自己的恩賜為何，但我們仍然可以努力在教會學習，預備好自己。
🙂 4.《聖經》上說我們所得的恩賜不同，最好能每樣恩賜都有，不要專注於某一恩賜。
🙂 5. 上帝要我們成就的事、為我們準備的恩賜禮物，祂自己也並不清楚。

家長簽名

老師簽名

思考與應用

製作感謝卡，送給在教會裡使用自己特別的恩賜為上帝作工的人。（建議感謝卡可送給：教會牧師、安息日學老師、接待員、聚餐負責人、查經小組組長以及教會司琴等人。）

親愛的 ＿＿＿＿＿＿＿＿

請影印後使用

親愛的 ＿＿＿＿＿＿＿＿

＿＿＿＿＿＿ 敬上

＿＿＿＿＿＿ 敬上

18

聖經章節

不要消滅聖靈的感動；不要藐視先知的講論。
帖撒羅尼迦前書 5：19，20

上帝的使者

　　在上一章內容中，我們談到上帝賜才幹給我們每個人，祂給予不同的才幹好讓我們可以為祂作工，也能服事別人。在這些特別的恩賜當中，有一項是預言的恩賜——那便是成為上帝的先知。

　　先知都做些什麼呢？在《聖經》裡，有些先知如但以理，能說出未來會發生的事。而其他的先知像撒母耳或以利沙，則是擔任領導人和教師，他們會告訴人們上帝對他們的生命有何旨意。另外有些先知如約翰與彼得，則是兩項工作都做。有時上帝在先知睡覺時給先知異夢；有時他們可以看見景象（像夢一樣，只不過不是在睡眠狀態中）；有時他們甚至可以聽見上帝的聲音。

　　自《聖經》時代之後，上帝不再將成為先知的恩賜給許多人。但是《聖經》說祂會——

　　「上帝說：在末後的日子，我要將我的靈澆灌凡有血氣的。你們的兒女要說預言；你們的少年人要見異象；老年人要做異夢。在那些日子，我要將我的靈澆灌我的僕人和使女，他們就要說預言。」（使徒行傳 2：17，18）

　　我們之所以有教會，是因為大家相信末世已近、耶穌就快來臨。我們仍然相信我們如今是生活在耶穌來臨之前的末世時代。因為耶穌就要再來，上帝賜予某個人擔任先知的任務便不足為奇。上帝將先知的恩賜給予了一位名叫愛倫的年輕女孩。透過她的丈夫——懷雅各，還有一位年長的船長名叫貝約瑟，他們三人同心協力為我們教會的創立奠定了基礎。

　　懷愛倫有異象也有異夢。她將所見所聞的都寫下來，也和所有新加入的復臨信徒分享。但她大多數的作品都屬於教導，帶領人們認識《聖經》，了解如何像耶穌那樣生活。

　　雖然懷愛倫已經離開人世許久了，我們今天仍然可以讀到她的書及作品，這些書仍然可以幫助我們了解應當如何忠心地跟隨上帝。她教導我們讀《聖經》並遵行其中的教訓。當上帝將預言的恩賜交給她，祂便賜給她重要的信息，使其能幫助我們在世界各地的教會成長。

教學妙點子

❶ 問問孩子們，如果上帝交給你一個信息要和其他人分享，你認為那會是一個什麼樣的信息？你認為大家會聽你的話並相信你嗎？為什麼呢？

❷ 讓孩子們以畫圖的方式回答以下問題：「假如要你試著和全世界的人分享從上帝而來的信息，你會怎麼做呢？」（答案可以包括利用電視、廣播、網路、詩歌、講道及談話等。）

❸ 為孩子們尋找一個合適的方法，去和某人分享上帝愛的信息。你可以帶他們去探訪獨居的人，或療養院，或讓孩子們製作卡片，講述有關上帝的愛。

❸ 分享一則懷愛倫的故事，可以參考《懷愛倫的信仰旅程》一書，或其他與她相關的書籍。

總結　上帝給懷愛倫預言的恩賜，祂賜給了她特別的信息，可以幫助她的教會在世界各地成長。

複習

請圈選符合課文敘述的字母選項，答案可能不只一個。

❶ 上帝賜下不同的恩賜給人，而在這些恩賜當中，最特別的是哪一項？
- ⓐ 會講多國語言／方言
- ⓑ 懂得照顧、服事別人
- ⓒ 能預知未來、說出預言

❷ 下列哪些事情是先知的工作？
- ⓐ 告訴人未來會發生的事
- ⓑ 做人們的領導或教師，傳達上帝對人們的旨意
- ⓒ 協助聖殿獻祭的事宜

❸ 現代生活中，先知的恩賜不再集中於特定的人身上，但受到上帝的靈澆灌的人可以做到哪些事？
- ⓐ 說方言
- ⓑ 說預言
- ⓒ 見異象、做異夢

❹ 復臨教會的懷愛倫女士也擁有上帝所賜的預言恩賜，但她留下的大多數作品屬於哪一類？
- ⓐ 記錄異象
- ⓑ 記錄異夢
- ⓒ 教導人們認識《聖經》，並遵行其中教訓

家長簽名

老師簽名

 **思考與應用**

選擇《聖經》裡的一位先知，按下列提問認識他的生平事蹟：

◎ 你選擇的先知是：＿＿＿＿＿＿＿＿＿＿＿＿＿＿＿＿

◎ 他在何種情況下被呼召成為先知：

－－－－－－－－－－－－－－－－－－－－－－－－－－

◎ 寫下他的生平事蹟中、最令你印象深刻的一件：

－－－－－－－－－－－－－－－－－－－－－－－－－－

◎ 他最令你欽佩的特質是什麼？請說明。

－－－－－－－－－－－－－－－－－－－－－－－－－－

◎ 你認為我們這個時代還有先知嗎？為什麼？

－－－－－－－－－－－－－－－－－－－－－－－－－－

聖經章節

19

**我們遵守上帝的誡命，這就是愛祂了，
並且祂的誡命不是難守的。**
約翰壹書 5：3

上帝的律法

　　上個月我做了一件違法的事。我在高速公路上開車超速了，於是一輛警車緊跟著我，車頂的紅藍警示燈不斷地閃爍著，我不得不把車停在路旁。警察走到我的車窗邊。「你知道你開車超速了嗎？」他問。

　　「是的，警察先生，」我只好這麼說。他開了一張超速的罰單給我，叮囑我開得慢一點。之後我也確實減速了，但我還是得為了那張罰單付上一筆錢。

　　警察為什麼要開罰單給我呢？他這麼做是因為他很壞嗎？是因為他不喜歡我嗎？都不是的，他這麼做是為了保護我。他知道大家都需要開車上路，包括我在內，所以我開得慢一點會比較安全。

　　當上帝創造世界時，祂便立下了律法：太陽每日都會升起、雨從天空降下，這些都是使我們的星球能持續運行的法則。

　　上帝也為人設立了律法。祂設立律法的原因，不是因為祂很霸道，或只是想要告訴人們該怎麼做。祂設立律法是為了要使人過得快樂而健康。

　　我們可以在《聖經》裡找到上帝的律法。在出埃及記第 20 章，上帝賜給了我們「十誡」──十條我們生活中的規定。當有人問耶穌當中哪一條誡命最重要時，祂說：「你要盡心、盡性、盡意愛主──你的上帝。這是誡命中的第一，且是最大的。其次也相倣，就是要愛人如己。」（馬太福音 22：37-39）

　　耶穌向我們顯示守上帝的律法就是去做上帝定意要我們去做的事。我們不該對別人發怒，反倒應該善待別人，無論他們的行為如何。耶穌便是如此行的。我

們不該自私，反倒應該和別人分享。耶穌也是如此行的。當我們有機會幫助別人且友愛待人時，我們便該如此做，因為耶穌亦是如此行的。

　　將來能夠回到天家的人，是那些除了想要更像耶穌之外，別的什麼也不求的人。當我們跟隨耶穌時，我們便是在遵守上帝的律法。

教學妙點子

❶ 分享自己的經歷，某一次因為犯規而惹上了麻煩，告訴大家你學到的教訓。強調律法設立的目的，以及規定的設立是為了保護你和其他人。

❷ 問問孩子們：「你在家中或在學校有哪些規定？這些規定有沒有保護到你呢？如果你自己可以訂規則，你會訂立哪些規則？」

❸ 在家中收集一些不同種類的日常生活用具：例如剪刀、廚刀、一瓶藥丸、一瓶洗碗精、一顆球、一本《聖經》、鑰匙等，把它們收集後全放入一個袋子裡。讓孩子們輪流，每一個人從袋中取出一件東西，然後想出使用它的規則。

總結　　上帝的律法可以保障我們的健康和幸福。當我們跟隨耶穌時，我們也遵行上帝的律法。

19

學習單

複習

請讀出埃及記 20：3-17 所記載的十誡（可利用兒童版《聖經》），回答下列問題：

❶ 第 1、2 條誡命指引我們與上帝之間友好的關係，以及我們敬拜祂的方式。
（用自己的話簡單敘述）

a _____

b _____

❷ 第 3、4 條誡命說明我們應如何看待上帝之名，以及和安息日的關係。(寫重點內容)

a _____

b _____

❸ 第 5 和第 7 條誡命是用來保護家庭關係的。(用自己的話寫出誡命內容)

a _____

b _____

❹ 第 6、8、9 和第 10 條誡命是用來保障人與人之間的關係和友誼。
（用自己的話寫出誡命內容）

a _____

b _____

c _____

d _____

基督復臨安息日會基本信仰 28 條

家長簽名　　　　　　　　　老師簽名

 我的感想 與上帝的約定

與上帝的約定在這宣誓卡片上簽名，提醒自己已和上帝簽了約。

立約

親愛的上帝

我希望擁有耶穌所賜的喜樂，
所以，我願意選擇遵守十誡。
我將遵從耶穌的兩大律法：
愛上帝和愛人。
無論是在地上、
或將來在天上的生活，
我都將完全信靠耶穌。

姓名：_____　　日期：_____

聖經章節

你……稱安息日為可喜樂的，稱耶和華的聖日為可尊重的；……你就以耶和華為樂。

以賽亞書 58：13，14

20 | 安息日：地球的生日派對

你的生日是幾月幾日呢？我的生日是在 10 月，每一年我都會舉行一個生日派對來慶祝，有時我還會收到禮物呢！

你喜不喜歡生日派對呢？在你生日時，你也許會收到禮物，或是蛋糕及冰淇淋，還有一些你喜歡的食物。但是生日派對最有趣的部分，就是邀請你的朋友們及家人一同相聚。

你一年只有一次生日，可以來慶祝你誕生的日子。如果你可以每星期都有一次生日，你覺得如何呢？

當上帝創造世界時，祂花了六天的時間來創造猴子、海洋、樹木、花草、獅子、綿羊、蝴蝶、烏龜，以及其他所有的一切事物。「到第七日，上帝造物的工已經完畢，就在第七日歇了祂一切的工，安息了。上帝賜福給第七日，定為聖日；因為在這日，上帝歇了祂一切創造的工，就安息了。」（創世記 2：2，3）

在你生日時，你的家人和朋友都來慶祝，表達你的出生令他們多麼快樂。在每週的第七天——星期六，我們慶祝，為了表示對於上帝創造世界及其中的天地萬物（特別是小狗和小貓！），我們感到無比快樂。我們稱第七日為安息日。

但安息日不僅僅只是一場派對而已。它是一個來敬拜上帝，並且更認識祂的時刻。它也是一個讓大家聚集在教堂裡唱詩歌和禱告的時刻。它更是一個紀念耶穌拯救我們，並且將帶領我們回天家與祂團聚的時刻。

因為安息日是如此特別的日子，我們不在安息日做那些平日裡的事情。《聖經》上說：「當記念安息日，守為聖日。六日要勞碌做你一切的工，但第七日是向耶和華──你上帝當守的安息日。」（出埃及記 20：8-10）

安息天是來自上帝一份特別的禮物。我們在這日紀念祂時，祂就賜給我們特別的福分。這豈不是很棒嗎？在地球生日的這一天，我們都得到了一份禮物！

教學妙點子

❶ 問一問孩子們：「在生日時，你最喜歡做哪些事？」那麼，在地球的生日──安息日時，你最喜歡做的事有哪些？

❷ 問一問孩子們，如果在你生日的那一天，你的父母說：「孩子，生日快樂！但今天一整天我們都得忙著整理車庫。」那麼你感覺如何呢？你想如果我們對待安息日的態度就像對其他日子一樣，上帝的感覺會如何呢？

❸ 如果可以，在安息天舉行一個生日派對來慶祝地球的創造。提供蛋糕，給每個孩子戴一朵花來教堂，或拿一個氣球回家。提醒他們可以對遇見的人說：「生日快樂，今天是安息日，是地球的生日！」

總結 第七日安息日是一個慶祝創造的日子。這一天是一個聖日，是我們把平日所做的事擺在一邊，花時間與主相聚在一起的日子。

20 學習單

複習 是非題

依本課內容回答下列問題，按照敘述將「是」或「否」的圖案塗色或填滿：

是	否	問題
○	●	1. 安息日就像節日，所以我們只要一年守幾次便可以了。
○	○	2. 一週的第七日（星期六），便是安息日。
○	○	3. 上帝在創造世界第七日造了亞當夏娃，並且休息。
○	○	4. 當耶穌在地上傳道時祂也在安息日休息，並且到會堂（教會）去。
○	○	5. 上帝把安息日分別出來，把它當成和我們相聚的特別時間。
○	○	6. 現今許多基督徒在一週的第一日（星期日）敬拜，是因為耶穌把安息日改了，並要祂的跟隨者在星期日敬拜祂。
○	○	7. 守安息日為聖日是為了顯示我們對上帝的愛與忠誠。

家長簽名　　　　　　　　　　　老師簽名

**思考與應用**

◎安息日對上帝而言是如此重要，祂甚至將其納入十誡之中。請列出至少 3 項
事情，是你可以在即將到來的安息日做到的：例如：送花／小卡片給教會裡
需要關懷的人。

❶
----

❷
----

❸

◎和大人一起查看月曆，把為了紀念過去發生某重要事件的假日找出來。為什
麼至今我們仍在紀念這日子？原因和我們守安息日的理由相似嗎？為什麼？
（請查閱出埃及記 20：8-11）

21

聖經章節

「……捐得樂意的人是上帝所喜愛的。上帝能將各樣的恩惠多多地加給你們……。」
哥林多後書 9：7，8

管理上帝的物品

你有沒有做過蟾蜍陷阱呢？你得用一根大湯匙在軟土上掘出一個坑洞。然後把陷阱坑旁邊的土堆高。這樣一來，當有一隻癩蛤蟆在附近跳時，牠就有可能掉進去，然後跳不出來。

有一年夏天，我挖了一個蟾蜍陷阱，隔天一大早我去查看時，竟然發現裡面有兩隻癩蛤蟆！我立刻做了一個小籠子來放置我的新寵物，還在裡面鋪了一些泥土和草，讓牠們可以躺在上面。我和牠們玩了一會兒，但因為癩蛤蟆不太活動，我很快就覺得無聊。於是我便走開去別的地方玩，把牠們拋到腦後去了。

隔天，媽媽把我叫過去看牠們，「你看，」她說。我的癩蛤蟆看起來又瘦又乾。牠們生病了。「牠們一直都沒有進食也沒有喝水，」媽媽說。「你為什麼不帶牠們到花圃那裡去呢？」

我把我的癩蛤蟆放在花旁溼潤的泥土上，但我很難過。因為牠們是我的寵物，我卻沒有好好照顧牠們。

當你養了一隻小狗、小貓、小鳥、或者一隻小蜥蝪當寵物時，牠們是你必須要照顧的對象。你必須要供應牠們所需要的食物跟水，還有可休息睡覺的地方。

上帝創造亞當夏娃時，祂說：「這世界充滿了屬於我的動物和植物。但是我要你代替我照顧管理牠們。」

如今上帝也對我們說同樣的話。祂造了動物和花草樹木供我們欣賞。祂賜給我們身體和頭腦。祂賜給我們各式各樣的才幹，使我們可以唱歌、說話、畫畫，以及跑跑跳跳。祂說：「我將這些賜給你們，我要你們替我照顧管理牠們。」

　　為了要幫助我們紀念祂所賜予的一切，上帝要求我們給祂一些小小的回報。我們稱這叫做「什一」，還有「奉獻」。

　　在舊約時代，上帝說：「你們要將當納的十分之一全然送入倉庫，使我家有糧，……為你們敞開天上的窗戶，傾福與你們。」（瑪拉基書3：10）

　　現今，上帝同樣要求我們，要將我們使用祂所賜的才幹而取得的十分之一獻給祂。如果我們賺了一塊錢，我們就要將一毛錢歸還給上帝。如果我們賺了十塊錢，我們就要將一塊錢歸還給祂。這就是十分之一。上帝應許我們，若我們忠心繳納十分之一，祂會豐豐富富地賜福我們，甚至到我們都無處可容納的程度！

　　我們也可以從我們所擁有的錢當中捐獻十分之一。這是感謝祂賜福的一種表達方式，也可以協助支援、傳揚耶穌福音的事工。奉獻無論是一大筆錢，或是少許金錢，都能持續地提醒我們記住上帝所說的話：「要為我管理一切。」

教學妙點子

❶ 要求每一個孩子分享他們養的是什麼樣的寵物，以及他們平日如何照顧自己的寵物。

❷ 問一問孩子，你覺得上帝賜給了你哪些才幹？你會如何為上帝使用你的才幹呢？

❸ 給每一個孩子準備一小袋東西──軟糖、彈珠、或小石子等。然後請他們試著想想他們手上的每樣東西，其十分之一是多少。對年齡較小的孩子，你可以預先將裡面的每樣物品先以十的倍數來準備。

總結　上帝將這個地球、我們的身體，以及才幹賜給我們。祂要我們珍惜這些才幹，並且善用它們去為祂作工。當我們以十分之一及奉獻回報祂時，祂便大大地賜福我們。

學習單

複習

請圈選符合課文敘述的字母選項，答案可能不只一個。

❶ 上帝創造亞當夏娃時，交給了他們什麼任務？
- ⓐ 照顧和管理天使
- ⓑ 照顧和管理其他人類
- ⓒ 照顧和管理地上的動物和植物

❷ 上帝要求我們將使用祂所賜的才幹所得到的財物，回報多少獻給祂？
- ⓐ 百分之八十
- ⓑ 一半
- ⓒ 十分之一

❸ 繳納十分之一主要的目的為何？
- ⓐ 用來感謝並回報上帝賜給我們的福分和才幹
- ⓑ 協助教會的福音事工
- ⓒ 買聖誕節禮物給所有人

❹ 父母親每個月都固定給我 NT$500 元零用錢，若要繳納十分之一，我可以準備多少錢？
- ⓐ NT$5 元
- ⓑ NT$15 元
- ⓒ NT$50 元

家長簽名　　　　　　　　　　　老師簽名

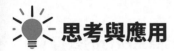 **思考與應用**

◎認識教會捐款的目的及用途───**請採訪教會的安息日學主理及教會司庫，並利用下列表格回答問題：**

1 請問什麼是「第十三安息捐」？

2 本季的捐款目的是為了協助哪些地方？聖工計劃有哪些？
（可參考當季《高級學課》封底內容）

3 請問下列各項捐款的用途：
❶區會發展捐　❷堂費捐　❸賙濟捐

22

聖經章節

人若說他住在主裡面，就該自己照主所行的去行。

約翰壹書 2：6

管理上帝的物品

一起來玩猜謎遊戲吧！你能猜一猜我的寵物是哪一種嗎？我的寵物很喜歡玩。有時牠會在房間裡跑來跑去，就好像在追著什麼我看不見的東西一樣。牠喜歡待在窗邊，在明亮的陽光下打盹。牠在廚房地板用碗吃飯喝水。當牠想出去時，牠會刮門。你能猜出我的寵物是哪一種動物嗎？

牠不會追逐車子，也不會在籬笆下挖洞。當我丟出一根棍子時，牠也不會去追或者叼回來給我。牠有一個跳台，有時牠還喜歡坐在冰箱上面。

你猜到了嗎？首先，我可能是在描述一隻狗或貓。但是狗雖然很喜歡追棍子，牠們卻不會爬到冰箱上頭！

你可以靠我描述的行為特徵——牠會做或者不會做的事，分辨得出我的寵物是一隻貓。其實作為一個基督徒也是這樣。你可以從一個人做的事，或者絕不做的事情，分辨得出他到底是不是一個基督徒。

「人若說他住在主裡面，就該自己照主所行的去行。」（約翰壹書 2：6）這意思是說我們應該要仁慈、樂於助人、對人友善，就像耶穌一樣。因為耶穌絕不自私，所以我們也不應該自私。我們應該為他人著想，就像祂所行的一樣。

因為我們愛耶穌，我們只願意去做那些能令我們更像祂的事。有時人們會喜愛穿奇裝異服，或戴著閃亮的珠寶，好為了爭取他人的注意。但是《聖經》上說：「你們不要以外面的辮頭髮，戴金飾，穿美衣為妝飾，只要以裡面存著長久溫柔、安靜的心為妝飾；這在上帝面前是極寶貴的。」（彼得前書 3：3，4）

基督徒對於他們所吃喝的東西非常小心，因為他們要謹慎照顧上帝所賜給他

基督復臨安息日會基本信仰 28 條

92

們的身體。危險的藥物、酒或菸等都會讓我們不健康或者會令我們聽不見內心上帝的聲音。我們要儘量多運動，多吃上帝所造的新鮮水果和蔬菜。

基督徒也喜愛生活的樂趣，但不是那種會傷害別人或者是令我們遠離耶穌的樂趣。那些能讓我們開懷大笑的事，也應該是能令耶穌高興的事。我們希望自己所看、所聽、所讀的一切都能讓我們更像耶穌。

教學妙點子

❶ 設計一個「猜猜我的寵物」的遊戲。讓每一個孩子說出關於他寵物（現在或過去的均可）的三件事，看看其他人能否猜得出他的寵物是哪一種動物。

❷ 問一問孩子們，什麼樣的東西可以讓一個人更好看呢？讓孩子為一個在耶穌眼中看來美麗（或英俊）的人畫一張像。讓他們把注意力放在那個人做的事或說的話上面，而非只注意那個人的長相。

❸ 將許多不同種類的東西放在一個大紙盒或袋子中，然後讓每一個孩子在遮住眼睛的狀況下拿取一件。每人都輪流拿取東西之後，問問他們：「這個東西會對我們有幫助，或是有壞處？為什麼？」這些東西可以包括柳丁、蘋果、胡蘿蔔、小黃瓜、香菸盒、啤酒罐、慢跑鞋（象徵運動）、跳繩（指運動）、或枕頭（可代表不運動或代表睡眠）！

總結

上帝將這個地球、我們的身體，以及才幹賜給我們。祂要我們珍惜這些才幹，並且善用它們去為祂作工。當我們以十分之一及奉獻回報祂時，祂便大大地賜福我們。

學習單

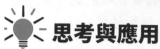

思考與應用

作為上帝的兒女，我們在生活上應榮耀上帝。利用下方的生活習慣檢視表做自我評量，在適合選項中打上（✓），思考自己是否符合基督徒的樣式。

生活習慣／喜好	總是	經常	偶爾	從不
我平日隨自己愛好瀏覽網站、選擇影視節目、書籍等，不管主題或內容對基督徒而言是否合適。				
我會幫忙家人做家事，並且陪伴、關心家人。				
我很重視朋友，但他們做的事若不適當，我不會參予。				
我對吃喝的東西很節制，也不吃不潔淨的食物或含酒精的飲料。				
食物的美味決定我的選擇，無論它是否屬於垃圾食物。				
我在意衣著外表要整齊清潔，但不會為了吸引人目光在穿著上特立獨行。				
我重視身體健康，讓自己有充足的睡眠和休息，並且每週都會安排時間做運動。				
我會每天花時間和上帝交談，告訴祂我的感謝與需要。				
我到教會聚會，教會可以幫助我和上帝、家人／朋友的關係更親密。				

家長簽名　　　　　　　　老師簽名

 我的感想 與上帝的約定

從今日起，我立志養成良好的健康生活習慣。請大聲朗讀立約書，並簽上自己的名字，提醒自己和上帝之間的約定。完成後可以將它剪下來放在你常看得到的地方。

立約

我知道我的身體是上帝的殿，
我要保持身體清潔、健康和強壯。
所以我今天宣告，
因著上帝的幫助，
我將養成良好的健康習慣，
避免毒品、酒精、
香菸及其他有害物質，
在所有事情上維持平衡與節制。

姓名：＿＿＿＿＿　日期：＿＿＿＿＿＿

請影印後使用

23

聖經章節

那人獨居不好，我要為他造一個配偶幫助他。

創世記 2：18

家庭與家人

你家裡有多少人？在我成長的家庭中，我有父母、兩個姐妹，還有兩個兄弟，所以我家裡有七個人。

你們當中有些人家裡或許只有兩三個人。有些人可能有九到十個人。無論家裡成員有多少人，有沒有弟兄姐妹、單親或是雙親，上帝都定意要使你的家成為這世上最快樂的地方之一。

當上帝完成這世界的創造之工時，祂看一切都甚好。地上有枝葉濃密的大樹，這樣甚好。清澈的河流波光嶙峋，魚群悠游其中，這樣甚好。田野間有許多鹿、馬和大象，這些甚好。森林裡有猴子、鸚鵡、浣熊和松鼠，這些甚好。上帝創造了許許多多不同的動物，但祂只創造了兩個人──一個男人和一個女人，這樣甚好。

上帝沒有創造一大群人，祂創立了婚姻，開啟了地上的第一個家庭。祂要亞當夏娃彼此相愛，並且永遠在一起。祂說：「要成立家庭，生養眾多，使世上充滿人類。」

於是亞當夏娃便如此行。他們的孩子、孫子和曾孫遍布在這世上。上帝祝福每一個婚姻。每個幸福快樂的家庭都是來自祂的特別贈禮。

上帝仍然愛著地上每一個家庭。祂要每一對父母親彼此相愛，也愛他們的孩子。當兩個人結婚時，他們便是承諾了彼此，也承諾了上帝。他們在一起時信守承諾，也彼此相愛。他們要效仿耶穌愛著所有跟隨祂的人那樣愛著對方。

　　上帝希望每個家庭都和樂，每個在其中的人都能感受到安全與愛。在一個充滿慈愛的家庭中，我們可以比在其他地方更能學習到有關上帝的事，也更能了解祂的愛。當我們學習順從父母，我們也在學習順從上帝。《聖經》上說：「你們作兒女的，要在主裡聽從父母，這是理所當然的。」（以弗所書6：1）而且上帝也要父母以愛心來教導孩子。「你們作父親的，不要惹兒女的氣，只要照著主的教訓和警戒養育他們。」（第4節）。

　　透過教導兒女關於上帝的事，父母就能為他們預備好加入教會——上帝的大家庭。

教學妙點子

❶ 一起進行下列遊戲：幫孩子們計時，看看他們能在多短的時間內依家庭成員的數目，從成員最多的家庭直到最少的，排好隊型。你必須決定家中是否包括所有人，或者只有母親、父親、姐妹，以及兄弟。

❷ 問：「你們家會一起做些什麼特別的活動嗎？你為什麼喜歡這活動呢？」

❸ 請孩子們畫出他們全家福的畫像。在畫的上方寫下：「上帝愛我全家。」

總結　上帝愛著地上的每一個家庭。自亞當夏娃時期開始直到今日，祂要做父母的一生一世都在一起，並且彼此相愛。祂也要他們擁有一個可以令其中每一位成員都感到安全及被愛的家。

23 學習單

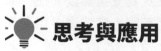 **思考與應用** 請利用下方的家譜樹完成自己的家譜，你可以在稱謂旁加
註他們的姓名、專長和興趣，如果格子不夠可以自行增加。

爺爺　　　奶奶　　　　外公　　　外婆

爸爸　　　　　　　　　　　媽媽

我　　　　　　　　　　兄弟姊妹

家長簽名 老師簽名

◎ 想一想，你最崇拜的親人是哪一位？為什麼？

_____

_____

◎ 對你影響最深的親人是誰？為什麼？

_____

_____

◎從本課內容和活動中，你認為上帝為什麼要設立家庭？
　我們透過家庭和家人可以學習什麼功課？：

_____

_____

這見證就是上帝賜給我們永生；這永生也是在祂兒子裡面。人有了上帝的兒子就有生命。

約翰壹書 5：11，12

24

耶穌在天上的特別任務

你有沒有贏得比賽過呢？在我小學三年級時，學校要求我們製作一幅海報，展示動物如何改善我們的生活。因為我們在自家農場有養牛，所以我便畫了一幅以牛為主題的海報，然後上面列出了所有我們能透過牛而取得的東西——從做為冰淇淋和乳酪原料的牛奶，做靴子和橄欖球用的皮革，還有小牛可以當我們的寵物。

而評審們——就是決定哪些海報為佳作的人——他們很仔細地審查每一幅海報。最後我得了第一名！我得到了一張很棒的榮譽獎狀，媽媽幫我裝了框並且掛在牆上，我還得到了十塊錢美金的獎金，可以買任何我想買的東西。

當耶穌回到天上以後，祂便著手進行一項特別的工作。我認為祂可能收集了祂自己的所有照片，然後安靜的坐在那紀錄了世上每一個人的生命冊前面，每當地上有人決定相信祂、跟隨祂，並且學習祂的樣式，耶穌便會拿一張祂自己的相片，貼在那個人的資料上。然後祂便會保護這些跟隨祂的人，免受撒但的惡意批評。

「看吧！」撒但會說：「今天彼得、雅各和約翰三人吵架了，他們不是好人，他們不配上天堂並且永遠住在天家。」

但是耶穌會對天父上帝說：「來看生命冊的紀錄吧！」當祂打開到彼得那一頁時，上頭有耶穌的相片！「我所看見的這個人配得去天家，」天父上帝會這麼說。

當我們決心相信耶穌並跟隨祂時，祂也會為我們做同樣的事。祂將祂的照片放在生命冊裡、我們每個人的紀錄上。但更令人興奮的是，當我們跟隨耶穌、學習祂的樣式時，我們的相片就會越來越像祂！

　　耶穌再來之前，祂還有另一項特別的任務。就如我參加的海報比賽中那些擔任評審的人，必須仔細看過每一幅作品一樣，耶穌也會如此檢視每一個人的人生。祂會仔細檢視每一件我們曾在家中、學校或其他地方所做的事。

　　但如果你我都已經決定要跟隨耶穌，祂的相片就會貼在我們的生命紀錄上。耶穌會抓住有我們名字的那幾頁紀錄說：「這些人是配得進天國的，看見了嗎？」天父上帝也會看見上頭放有耶穌的相片並且微笑。

　　耶穌說：「看哪，我必快來！賞罰在我」（啟示錄 22：12）。耶穌再來以前，所有的審判工作都會完成。每一個跟從祂的人都會得救、開心迎見救主到來。

教學妙點子

❶ 舉行一個與課文中描述的比賽相似的競賽。請孩子們製作一幅海報，主題是說明動物如何改善我們的生活。

❷ 製作一本體積很大的書。你將需要每個孩子的個人照、許多不同的耶穌畫像，以及一個很大的活頁檔案夾。請孩子帶自己的照片來，或帶相片的電子檔來複印。發給孩子們每人一張活頁紙，請他們把照片貼在適當的位置上，在旁邊寫下他們每日為了學像耶穌所做的事。問一問他們：「當上帝在天家翻閱生命冊時，我們希望祂看見什麼？」然後分發有耶穌像的圖片，讓他們可以貼在自己的生命紀錄上。將所有孩子的生命紀錄頁都收齊，放在大的檔案夾中，將檔案夾放在安息日學的兒童班教室裡。

總結　　當撒但在天庭控告我們有罪的時候，耶穌站在我們這一邊。「我為這人而死。」祂說。只要我們一直跟隨著耶穌，祂便會繼續站在我們這一邊。在祂復臨之前，祂會審視每個人平生的行為，以此決定誰能和祂在天家永遠團聚。

24 學習單

複習

依你對本課內容的理解回答下列問題，在正確敘述前畫 ，反之畫 ：

問題
1. 一個人決定相信耶穌、跟隨祂， 並不能造成自己生命冊上的記錄任何改變。
2. 當我們在生活中努力學習耶穌的樣式時，我們就會越來越像祂。
3. 耶穌再來之前，祂會仔細檢查每一個人的生平事蹟， 包括我們做過的一切大小事。
4. 一個人是否配得進天國，決定於他自己的行為，與跟隨耶穌無關。
5. 耶穌再來之前，天上所有的審判工作都會完成。

思考與應用

在天上的聖所中，耶穌正擔任大祭司的工作，為我們的罪代求。

在這一週中列一張清單，思考並寫下每一天生活中所犯的錯，或希望藉著耶穌能改變的事情。然後為這些記錄向上帝禱告，祈求祂為你帶來改變

基督復臨安息日會基本信仰 28 條

家長簽名　　　　　　　　　老師簽名

DAY 1

例：我希望在擔任
科目小老師時，
我可以更有耐心。

DAY 2

DAY 3

DAY 4

DAY 5

DAY 6

我的禱告

25

聖經章節

我若去為你們預備了地方，就必再來接你們到我那裡去，我在哪裡，叫你們也在那裡。

約翰福音 14：3

耶穌再來

你所居住的地方，到了冬天時會很冷嗎？那裡會下雪、或有暴風雪嗎？我很喜歡雪，但我可不喜歡一整年都得站在我家的車道上鏟雪！

現在我所住的地方已經接近春天了！你問我是怎麼知道的？因為在下午的時候天氣變暖了。而夜幕低垂的時間也越來越晚。我還看見知更鳥在草坪上跳躍、到處找小蟲吃。今天我看見一株亮黃色的蒲公英從土裡冒出頭來！

春天的腳步近了。我之所以曉得，是因為我每一天都能看見春天的預兆。

在耶穌回到天上之前，祂賜下了一個應許。祂說：「在我父的家裡有許多住處；……我去原是為你們預備地方去。我若去為你們預備了地方，就必再來接你們到我那裡去，我在哪裡，叫你們也在那裡。」（約翰福音 14：2，3）

但耶穌什麼時候會再來呢？耶穌說：「你們也要聽見打仗和打仗的風聲，總不要驚慌；因為 這些事是必須有的，只是末期還沒有到。……多處必有饑荒、地震。」（馬太福音 24：6，7）

耶穌也提到這世上到了末世時，會有更多罪惡在其中橫行，人們也不再彼此關心。但在所有的預兆之中最重要的是：「這天國的福音要傳遍天下，對萬民作見證，然後末期才來到。」（馬太福音 24：14）

我知道耶穌很快要再來，因為我們可以看得見許多預兆。世上戰爭接連不斷，有許多人沒有食物可吃。地震和致命的暴風雨侵襲得越來越頻繁。到了今日，關於上帝之愛的福音已經幾乎在每一個國家宣講著，看來耶穌實現應許的時刻就快來臨了。

　　當耶穌再來時，世上沒有人會錯過那一刻！《聖經》上說每一個人都會看見祂從天上降臨。祂的到來不會是任何人能遮掩的秘密。「因為主必親自從天降臨，有呼叫的聲音和天使長的聲音，又有上帝的號吹響。」（帖撒羅尼迦前書 4：16）

　　世界上沒有任何人會錯過此事！甚至連死去的人都要復活，並且起來加入我們，到空中與駕雲降臨的耶穌相遇！唯一會對此感到憤憤不平的人，就是那群沒有尋求耶穌、也沒有跟隨祂，或效學祂樣式的人。他們會寧願死去，也不願與耶穌同去天家，因此上帝只好任憑他們死去。

　　雖然我們並不知道耶穌再來的確切時間和日期，我們仍然可以天天預備好自己與祂相會。

教學妙點子

❶ 依照你居住的地方和當時的季節，問孩子們下列問題：「我們從何得知下一個季節就要來臨了呢？有哪些徵兆？」

❷ 讓孩子們製作一個以「耶穌復臨」為主題的 3D 圖畫或立體模型。搜尋耶穌和天使的圖畫，並剪下來或著色。利用棉球製作耶穌再來時所駕的雲彩。將耶穌和天使貼在棉球上。

❸ 問一問孩子：「耶穌再來時我們會看見哪些徵兆？這些徵兆有時是不是看起來很駭人？有時會不會也讓你覺得很高興呢？」

總結　所有的徵兆都在告訴我們，耶穌再來的日子近了。當祂再來時，全世界的人都會看見祂。

25 學習單

複習

請圈選符合課文敘述的字母選項，答案可能不只一個。

❶ 耶穌給了我們許多特定的預兆讓我們知道祂要來的時間，這些預兆有：

ⓐ 國與國之間常有戰爭。

ⓑ 自然災害如地震及暴風雨等，發生的次數越來越多。

ⓒ 人類開始生產大量食物，不再有饑荒發生。

❷ 在所有的預兆之中，最重要的是哪一項？

ⓐ 地震、海嘯、及暴風雨造成的災難。

ⓑ 到處都有戰爭。

ⓒ 天國的福音要傳遍全世界。

❸ 當耶穌再來時，誰會看見祂的來臨？

ⓐ 將自己預備好的義人。

ⓑ 恐懼耶穌到來會被嚴懲的惡人。

ⓒ 世上的每一個人，包括已死去的人。

❹ 什麼樣的人最不樂見耶穌再來？

ⓐ 曾經墮落、變壞，但後來選擇悔改的人。

ⓑ 一直都忠心跟隨耶穌，並努力傳福音的人。

ⓒ 自始至終都不願意選擇跟隨耶穌、效學祂榜樣的人。

家長簽名

老師簽名

我的感想

當你想到關於耶穌再來的事，你的感受是什麼？（請勾選）

○ 我希望祂在我有生之年時就來。

○ 我希望我能先完成學業。

○ 這讓我感到很害怕。

○ 我沒有想太多。

○ 我一定先做好預備。

○ 我希望祂快點來，不然這世界會因人類作惡而毀滅。

○ 這令我緊張又難過，因為我有許多親朋好友都還不認識祂。

聖經章節

「……因號筒要響，死人要復活成為不朽壞的，我們也要改變。」

哥林多前書 15：52

26 人死後的經歷

我還記得那一天，爸爸告訴我們祖父病得很重——嚴重到他已經不可能再好起來了。沒多久，他就過世了。這是我生平第一次經歷親人的死，我不知道接下來會如何。就在那時候，我開始明白什麼是葬禮。

你有沒有參加過葬禮呢？葬禮是一種很特別的儀式，在西方通常是在教堂裡舉行，死者的家人和朋友們會聚集在一起來紀念死者。我祖父的葬禮很悲傷，也有一點嚇人。大家哭著、唱著歌、並且一起禱告，我感到難過並且困惑。

有人死去是件令人悲傷的事。要去理解死亡為什麼會發生是很難的事，不管死亡的原因是出於疾病還是受傷，它都是一樣的。我認為它很難令人理解的原因在於它的發生並不是上帝的本意。當祂造人時，祂是定意要他們永遠活著，絕不死亡的。

但是當亞當夏娃選擇順服撒但而非上帝時，罪來到了我們的世界，死亡也隨之而來。每個人出生之後，都會經歷成長、年老、死亡。但是上帝有祂的計劃來挽救這一切。於是耶穌來到世上，並且為了我們的罪而死。當祂再來時，祂會親手將罪惡與死亡永遠了結。

當人過世時，他們就好像進入睡眠狀態。但是這一次，他們不會從睡夢中醒來，要直等到耶穌再來的時候。《聖經》上說：「活著的人知道必死；死了的人毫無所知。」（傳道書 9：5）

　　他們的身體埋在地下，但上帝會紀念他們。因此即便我們再悲傷、再思念他們，我們也不需要像那些不認識上帝的人一樣傷心——因為我們知道耶穌很快就會再來！

　　《聖經》應許說：「為主必親自從天降臨，有呼叫的聲音和天使長的聲音，又有上帝的號吹響；那在基督裡死了的人必先復活。以後我們這活著還存留的人必和他們一同被提到雲裡，在空中與主相遇。」（帖撒羅尼迦前書 4：16，17）

　　當天使吹響號筒時，每一個死去的愛主之人都會從長久的睡眠中甦醒，與祂一同回到天家。

教學妙點子

❶ 問一問大家：「在你認識的人之中，曾有人過世嗎？是你的祖父母、朋友、還是寵物呢？你的感受是什麼？」

❷ 製作號筒，可以利用衛生紙紙筒以及海報紙剪出號筒來。再利用亮粉及亮片裝飾號筒。然後，將做好的號筒拿在手上，繞著教堂大廳行進，製造號筒的聲音。告訴孩子們，若有人問起他們在做些什麼，他們可以說：「我們是耶穌再來時，負責吹響號筒的天使！」

 總結　　人們會死是因為罪進入了這個世界。當有人過世時，他們就好像進入睡眠，要等到耶穌再來，他們才會醒過來。

複習

依本課內容回答下列問題，在正確敘述前寫 〇，反之寫 ✗：

作答	問題
✗	1. 人死了會變成可怕的魔鬼，來侵擾我們的生活。
	2. 死亡的發生並不是上帝最初造人時的本意，祂希望人類永遠活著。
	3. 死亡因著罪來到了世界，因此我們都會經歷出生、成長和死亡。
	4. 死去的人會長埋於地下，不會被上帝所紀念。
	5. 對於那些相信耶穌的人，死亡只是暫時的，直到耶穌再來。

思考與應用

上網查詢、或想一想你曾經看過、或聽過關於死亡的電影或電視節目，它們對人死後的情況描述與《聖經》所說的有何不同？請將差異寫下來。

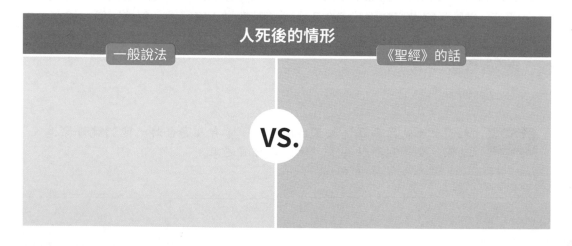

人死後的情形

一般說法　　　　　　　　　　　《聖經》的話

VS.

家長簽名

老師簽名

◎ 寫一些表達鼓勵和哀悼的小卡片，給你所認識、最近剛失去摯愛家人或朋友的人，
完成後可以將它剪下來送給對方。 ：

請影印後使用

聖經章節

主……不願有一人沉淪，乃願人人都悔改。

彼得後書 3：9

千禧年與罪的終結

當耶穌喚醒那些愛祂的人，使他們復活，並帶他們回到天家後，他們就將永遠脫離罪和死亡。但這世上並非所有人都願意選擇相信耶穌並且跟隨祂。無論上帝多麼愛世人，不管祂呼召他們多少次，有些人就是寧願選擇自私和作惡。就像撒但一樣，他們只想忽視上帝的律法，我行我素，甚至傷害其他人也不在乎。

那些人認為他們可以不需要靠上帝而活。但他們不明白，是因著上帝的律法，他們才得以存活，因為祂是宇宙的創造主。而當上帝永遠地解決罪惡之後，祂也會解決那些抓住罪不肯放的人，就是那些拒絕跟隨祂律法的人。

當耶穌回到地上，並將所有凡愛祂、信祂的人提到雲彩裡時，祂周遭所發出的亮光便會消滅世上所有的一切。唯一還存留在世上的，便是撒但和他的惡天使。他們接下來將有一千年的時間，可以用來好好反省他們的惡行。

耶穌和祂的子民們在天家也將有一千年的時間團聚。當一千年結束之時，他們將隨同聖城——新耶路撒冷——也就是他們在天上的家，一同回到地球。最後，上帝永遠終結罪惡那一刻就來到了。

那些已經死去的人——就是每一個拒絕跟隨上帝並守祂律法的人，也會在此時復活。《聖經》上說撒但將會組織這些人成為一支軍隊。「他們上來遍滿了全地，圍住聖徒的營與蒙愛的城，就有火從天降下，燒滅了他們。」（啟示錄 20：9）

到了那一日，撒但、罪惡、還有其他那些抓著罪惡和私慾不肯放的人，將會永遠地被消滅。《聖經》上說：「凡狂傲的和行惡的必如碎稭，在那日必被燒盡。」（瑪拉基書 4：1）

那便是罪惡永久的終結。《聖經》上說：「我聽見有大聲音從寶座出來說：『看哪，上帝的帳幕在人間。他要與人同住，他們要作他的子民。上帝要親自與他們同在，作他們的上帝。上帝要擦去他們一切的眼淚；不再有死亡，也不再有悲哀、哭號、疼痛，因為以前的事都過去了。』」（啟示錄 21：3，4）

教學妙點子

❶ 要確認孩子們是否已了解課文中概念。問一問他們：「上帝為什麼不把每個人都帶回天家去呢？」要強調上帝並不會強迫每個人和祂一同回到天家，而有些人就是不願意和上帝在一起。

❷ 如果可以，帶一千個 1 元的硬幣，讓孩子們數數看，幫助他們了解「一千」的概念。

❷ 製作一幅獨特的著色畫。說：「拿出一張白紙，將你能想像的、天堂所有的顏色全畫上去。」（不需要畫出形狀或圖案，只要顏色。）然後，當罪惡進入世界時，罪遮蔽了天堂的美麗。因此，現在請將你的圖以滿滿的黑色塗滿。當所有人都畫好之後，跟他們說：「每一個希望回到天家的人都會選擇耶穌。」然後請他們利用迴紋針或類似物品將表面黑色的顏料刮除，然後寫上「我選擇了耶穌，上帝永遠結束了罪惡」一行字，可以加上他們喜歡的的形狀和圖案。

總結 當耶穌再來，祂會帶領凡選擇信祂的人一同回到天家相聚一千年。其他還在地上的人都將死去。千年之後，耶穌和祂的子民將與聖城耶路撒冷一同回到地上。凡恨惡上帝的人將復活並跟從撒但；他們會攻打聖城，但上帝會永遠毀滅罪惡與惡人。

27 學習單

複習

請圈選符合課文敍述的字母選項，答案可能不只一個。

---

❶ 當上帝解決了罪惡的問題之後，祂也會解決罪人的問題。所謂的罪人是指：

ⓐ 選擇自私、作惡，我行我素生活的人。

ⓑ 忽視上帝律法、並拒絕遵從祂律法的人。

ⓒ 已經死去的人。

---

❷ 當耶穌再來時，撒但和他的同黨會：

ⓐ 被耶穌所發出的光消滅。

ⓑ 和耶穌，以及屬耶穌陣營的天使決戰。

ⓒ 有一千年的時間來反省自己。

---

❸ 在上帝要終結罪惡時，凡抓著罪不肯放的人會：

ⓐ 加入撒但、並組成一支大軍攻擊上帝的兒女。

ⓑ 被天上降下的火除滅。

ⓒ 再有另一個一千年的時間來反省自己。

---

❹ 當罪惡永遠結束之後，哪些事情也將永遠消失？

ⓐ 笑容

ⓑ 死亡

ⓒ 痛苦

 **思考與應用**

◎ 你是否曾經為了某件事情等待了很久？（聖誕禮物？新年時的紅包？）

- -

◎ 當這件事終於發生時，你的感受是什麼？

- -

◎ 為什麼耶穌再來之前，祂要等待這麼長的時間？

- -

◎ 你可以做哪些事，讓自己和周圍的人為耶穌再來做好準備？

- -

28

聖經章節

但我們照祂的應許，盼望新天新地，有義居在其中。
彼得後書 3：13

全新的地球

想像你在家裡的後院有一間樹屋。這間樹屋有一個地板門，還有一個你可以收起來的繩梯。這是一間很棒的樹屋，每次你一離開都會有松鼠想盡辦法要住進來。

然後想像一下，有一天早上你爸爸說：「我要把這舊的樹屋拆掉。因為松鼠在屋頂上啃蝕了好幾個洞，而且繩梯也磨損了。所以我要把這間樹屋拆毀。」

你感覺如何呢？你會不會立刻跳起來大喊著「不要！」呢？如果你真的愛你的樹屋，那麼可能只有在一個情況下，你才會願意拆掉它，說：「好的！」。那就是──除非你爸爸加上一項承諾：「我會重新再造一個比這個更好的、全新的樹屋！」

上帝也向我們發出了同樣的應許。《聖經》上說：「但我們照祂的應許，盼望新天新地，有義居在其中。」（見彼得後書 3：13）我們所居住的這個世界已經逐漸老去。植物與動物都將患病且死亡。也許現在山川、河流、森林看起來依然美麗，但早已不是上帝最初創造時的美好了。

人類也變得不一樣了。上帝當初創造的是完美的人類，既不會老也不會死。但今天人們會因為車禍以及戰爭而受傷。他們也會患上流行性感冒及癌症。他們常常是傷心、寂寞的，甚至是不安好心或者自私的。

當耶穌再來時，祂將改變所有凡與祂居住的人成為全新的人。再也沒有人會生病或哭泣。當罪惡最終毀滅時，耶穌會為祂的人民造一個新天新地，那將會是他們永遠的家。那新天新地將遠比舊的世界更美好，那裡再沒有任何事物能傷害

人——沒有毒藤、沒有過敏物、也沒有會叮人的蚊子。新天新地將會是一個完全不同的地方。

《聖經》上說：「豺狼必與羊羔同食；獅子必吃草與牛一樣；塵土必作蛇的食物。在我聖山的遍處，這一切都不傷人，不害物。這是耶和華說的。」（以賽亞書 65：25）

但這其中最棒的，就是耶穌將與我們永遠在一起。祂將解答所有關於宇宙的問題。如果你問：「離地球最遠的地方是哪裡？」或者「世上的星星究竟有多少？」祂知道所有事情的答案。如果我們問：「彩虹消失時都會到哪裡去？」或者「在海底有哪些生物？」祂都會告訴我們。

而罪惡將永遠不再是問題。宇宙間的所有生靈都將明白，上帝就是愛，而他們也將永遠和祂在一起。

教學妙點子

① 如果你有樹屋的話，請和我們分享它的故事。或者問：「如果可以選擇的話，你希望擁有怎樣的一間樹屋？」

② 問孩子們：「如果你和耶穌一起住在新天新地，你會想要問祂什麼問題呢？」

② 請孩子們畫一幅自己住在新天新地裡的圖，問問他們會想要做哪些事情：「騎長頸鹿？飛越山谷？在海底散步？」

總結 隨著罪惡永遠的終結，耶穌將造一個全新的地球，和起初的伊甸園一樣完美。然後祂將與我們住在其中，直到永永遠遠。

28　學習單

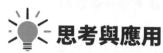 **思考與應用**

從網站、旅遊雜誌或書籍中尋找你認為這世界風景最美的地方，並和大家分享。
如果把這些地方與你心目中的天堂相比如何呢？你心目中的天堂是什麼模樣？

> **我認為地球上最美麗的地方**
>
>

> **我心目中的天堂**
>
>

家長簽名

老師簽名

◎想像一下，當你到了天堂之後，有哪三件事是你想立即去做的？

A -

原因 -

- -

B -

原因 -

- -

C -

原因 -

- -

1 《聖經》是上帝所默示的話

我相信上帝默示每一位《聖經》作者，他們所寫的都是真的，他們所講的都能幫助我過健康快樂的生活。

2 三一真神

我相信愛我的上帝是父、子、聖靈三一真神。祂教導我怎樣過更好、更有意義的人生。

3 父上帝

我相信父上帝是宇宙眾生之源。祂慈愛又寬恕人，並且永遠不會離棄我。

4 子上帝

我相信子上帝耶穌創造這個世界和其中一切美好的事物。二千年前，祂降世為人，過一個無罪的人生。祂為了救贖人類，甘願被釘在十架上，使我們有得救的盼望，永遠在天家與祂一起生活。

5 聖靈

我相信聖靈上帝就是那微小的聲音，當我感到害怕、憂愁或孤單的時候，祂就向我說話，告訴我不用驚慌。聖靈也會教導我明辨是非，犯錯時我會感到內疚；但順服上帝的律法時，會感到喜樂。

6 創造

我相信上帝用六日時間創造天地，在第七日休息。祂造了樹木、動物、海洋、大山、亞當和夏娃，祂看著所造的一切，便快樂地說：「這一切都甚好！」

7 人的性質

我相信上帝照著祂的形象造人，每個人都享有自由去思想和做事。雖然犯罪和錯誤的選擇，帶給許多人痛苦和苦難，但我們仍是上帝的兒女。藉著聖靈的幫助，我們可以互相關心，就像上帝關心我們一樣。

8 善惡之爭

我相信撒但是真實存在的，他想毀滅人類，他每天竭力把那有破壞力的罪，放進我們的生活裡；而上帝希望我們每天都過著快樂、幸福和相愛的生活。撒但每天都和上帝爭戰，要奪取控制權，掌管我們的人生和未來。為了幫助我們戰勝罪惡，耶穌就賜下聖靈和差派天使來引導和保護我們。

9 耶穌的生、死與復活

我相信耶穌過了一個完美無瑕的人生，目的是讓我們知道，戰勝罪惡是可能的。祂為我的罪而被釘在十字架上，使我能夠進入天家。上帝叫祂從死裡復活，讓我知道如果我在耶穌再來之前死了的話，祂一樣可以叫我從死裏復活。

⑩ 得救的經驗

我相信當我讓耶穌進入我的內心時，祂會把我罪人的身分改變成為上帝的兒女，並預備好永遠住在天國裡。當我研讀《聖經》和順從聖靈指引時，祂就教導我怎樣更像祂。感謝耶穌，我相信我的罪已蒙赦免，而且祂在天上已為我預備居所。

⑪ 在基督裡成長

我相信當我邀請耶穌進入我的內心時，我的生活就會立時有改變。我所看的，無論是書本、電視節目或網頁都會跟以前不同、吃的、聽的、去的地方或所說的話都會改變。《聖經》成為我生活的教科書，並且我會經常禱告。這些改變會不斷發生，日復一日，直到耶穌復臨的日子。

⑫ 教會

我相信我的教會是一個讓愛耶穌的人一同讚美上帝的地方，我們在其中不必感到害怕或難堪，就像每星期與家人團聚一樣。耶穌愛祂的教會，並且聆聽每個人的禱告和頌讚。

⑬ 餘民及其使命

我相信耶穌第二次再來之前，有些在我教會的人，寧願生活在罪惡中而忘記主的救恩，但有一群上帝的餘民，就是忠於《聖經》和聽從聖靈的人，他們會加倍努力的向世界宣揚上帝的愛。雖然餘民的數目不多，但他們卻能為上帝完成大事，催促耶穌復臨。

⑭ 基督身體的合一

我相信任何到教會敬拜上帝的教友，都應該歡迎任何種族、語言和膚色的人。在上帝眼中，我們都是平等的；外表和口音並不重要，因為我們都是天父的兒女。

⑮ 浸禮

我相信當我受浸時，是向人表明我愛上帝和願意過一個服事主的生活。全身入水的浸禮就像一個罪人被埋葬，當他從水裡起來時，就是復活，為耶穌活出一個全新的和清潔的人生。

⑯ 聖餐禮

我相信耶穌被釘十字架前，與門徒吃最後的晚餐的時候，祂教導我們一項奇妙的真理，祂說葡萄汁代表祂所流的血，而餅就代表祂為我們捨去的身體。當我在教會領受「主的晚餐」時，便幫助我記念耶穌在十字架上為我的犧牲。

⑰ 聖靈的恩賜與職事

我相信上帝賜給我和你特別的才幹，讓我們可用來侍奉祂。我們各人都享有不同的恩賜，例如：音樂、講道、教導、藝術、查考《聖經》、探訪病人或熱情接待到訪教會的人等。每一種屬靈恩賜對上帝的工作都是非常重要的。

18 預言的恩賜

我相信上帝教會的子民需要知道怎樣生活和將來有什麼事情發生，因此上帝呼召了一位名叫懷愛倫的婦人，成為祂的先知，向祂子民提供指引、教導和更正。她還幫助我們明白《聖經》的重要道理。當我閱讀上帝的先知在很久以前所寫的書籍時，我找到上帝今天希望對我說的話。

19 上帝的律法

我相信上帝的十誡包含最好的生活準則，是上帝為了保護我遠離罪惡而制定的，表明上帝是多麼愛我，和希望我活得健康快樂。遵守十誡就像對上帝說「我愛你」一樣。

20 安息日

我相信上帝定一週的第七日（星期六）為聖日。祂吩咐我在這日為祂所做的事，都要表明我相信祂是一切美物的創造主。上帝的聖安息日在星期五日落開始，在星期六日落結束。

21 管家

我相信一切花草樹木、動物，甚至我自己都是屬於上帝的。上帝吩咐我要照顧祂所創造的東西，包括我自己，不受任何的傷害，所以我會珍惜上帝所造的一切。由於我是上帝的管家，所以我會忠心地將我的時間、才幹和金錢的十分一歸還給上帝。我希望上帝祝福這世界和當中的一切──包括我在內。

22 基督徒的行為

我相信任何愛耶穌的人無論在說話、行為、飲食、工作上都應該與那些親近撒但的人不同。我所做的每一件事都應該讓人看到耶穌住在我的心中，我樂意遵行祂愛的法則。

23 婚姻和家庭

我相信為了讓我們明白在天國生活的喜樂，上帝吩咐我們建立家庭。當我們愛我們的兄弟姊妹、叔伯嬸姨、父母和祖父母時，我們就是預先經歷與所有選擇愛和遵從上帝的人同住天國的體驗。我們的天父希望我們在地上的家是一個安全的地方，讓我們學習祂的愛和寬恕。

24 基督在天上聖所的服務

我相信上帝吩咐摩西和以色列民在曠野建造聖幕，就是要讓我們知道耶穌現今在天上聖所裡正在做什麼。在曠野，祭司負責管理赦罪的工作和審判作惡的人，現在耶穌在天國正是做這些事情。祂是我們天上的祭司，願意饒恕我們的罪，從我們內心除去罪孽，並歡迎我們到天家。

25 基督復臨

我相信很快有一天耶穌會回到這世界並且邀請每位選擇愛和遵從祂的人到天國。當祂再來的時候，那些選擇不接受祂的人就會滅亡。存活的就和那些從死裡復活的忠心信徒，一同離開這黑暗的世界，永遠與耶穌在一起。

26 死亡與復活

我相信耶穌能使人復活，祂以前就曾使人復活（例如拉撒路和寡婦的兒子），當祂復臨時也會這樣做。因此，雖然我的家人中有些暫時睡了，但我會再與他們相見，因為上帝有戰勝死亡的能力。

27 千禧年與罪惡的結束

我相信有一天罪和罪人會永遠消失。《聖經》說甚至那些在生前不接受上帝的人，將來復活時，他們會完全明白撒但是說謊的，並同意上帝的審判是公平合理的。他們會與撒但一同被火完全毀滅。

28 新天新地

我相信當撒但和罪人消失時，天父所造的新天新地就會來臨，到時不再有死亡、眼淚、疼痛和苦難，有的只是和平與愛。最重要的是我、我的家人和所有愛上帝的人都會永遠活在這美好的世界裡。

靠著上帝的恩典，我要做一個
真誠、正直、有禮的少年。

學習單解答

學習單 1　1.⭕ 2.❌ 3.⭕ 4.❌ 5.⭕ 6.❌

【摩西五經】創世記、出埃及記、利未記、民數記、申命記

【歷史書】約書亞記、士師記、路得記、撒母耳記上、撒母耳記下、列王紀上、列王紀下、歷代志上、歷代志下、以斯拉記、尼希米記、以斯帖記

【智慧書】約伯記、詩篇、箴言、傳道書、雅歌

【大先知書】以賽亞書、耶利米書、耶利米哀歌、以西結書、但以理書

【小先知書】何西阿書、約珥書、阿摩司書、俄巴底亞書、約拿書、彌迦書、那鴻書、哈巴谷書、西番雅書、哈該書、撒迦利亞書、瑪拉基書

【四福音書】馬太福音、馬可福音、路加福音、約翰福音

【早期教會歷史】使徒行傳

【給人／教會的書信】羅馬書、哥林多前書、哥林多後書、加拉太書、以弗所書、腓立比書、歌羅西書、帖撒羅尼迦前書、帖撒羅尼迦後書、提摩太前書、提摩太後書、提多書、腓利門書、希伯來書、雅各書、彼得前書、彼得後書、約翰一書、約翰二書、約翰三書、猶大書

【耶穌基督的啟示】啟示錄

學習單 2　1.ⓒ 2.ⓒ 3.ⓒ 4.ⓑⓒ　　　**學習單 4**　1.ⓑ 2.ⓐ 3.ⓒ 4.ⓐⓒ

學習單 3

	是	否
1.	●	○
2.	○	●
3.	○	●
4.	●	○
5.	●	○
6.	○	●

學習單 5

	是	否
1.	●	✕
2.	○	✖
3.	○	✖
4.	●	✕
5.	●	✖

學習單 5 【聖靈所結的果子】

以下為參考答案，位置順序可以不同。

忍耐　恩慈　喜樂　和平　良善　信實　仁愛　溫柔　節制

學習單 6

第1天	❹
第2天	❽
第3天	❶❸❼❾
第4天	❺
第5天	❷❿
第6天	❻⓬

學習單 7
1. 自己的形象
2. 永遠
3. 自由；選擇
4. 犯了罪；改變
5. 結果；罪。

學習單 8

是	否
1. ☑	□
2. □	☑
3. ☑	□
4. ☑	□
5. □	☑
6. □	☑
7. ☑	□
8. ☑	□

學習單 9 1. a c 2. b 3. a c 4. a b

學習單 10

是	否
1. ♡	♥
2. ♡	♥
3. ♥	♡
4. ♡	♥
5. ♥	♡
6. ♥	♡

學習單 11

是	否
1. ○	✖
2. ●	✖
3. ○	✖
4. ●	✖
5. ●	✖

學習單 13

是	否
1. □	☑
2. □	☑
3. ☑	□
4. □	☑
5. □	☑
6. ☑	□

學習單 15 1. b c 2. a c 3. a b 4. b

學習單 16 1. T 2. T 3. T 4. F 5. T 6. T

學習單 17 1. ☺ 2. ☹ 3. ☺ 4. ☹ 5. ☹

學習單 18 1. c 2. a b 3. b c 4. c

學習單 20

是	否
1. ○	●
2. ●	○
3. ○	●
4. ●	○
5. ●	○
6. ○	●
7. ●	○

學習單 21 1. c 2. c 3. a b 4. c

學習單 24 1. ◗ 2. ● 3. ● 4. ◗ 5. ●

學習單 25 1. a b 2. c 3. c 4. c

學習單 26 1. ✖ 2. ○ 3. ○ 4. ✖ 5. ○

學習單 27 1. a b 2. c 3. a b 4. b c

國家圖書館出版品預行編目資料

全心全意信靠祢：基督復臨安息日會基本信仰 28
條 / 傑瑞‧湯姆斯（Jerry D. Thomas）；林思慧譯. --
初版 . -- 臺北市：時兆 , 2016.06
　　　面；　　公分
譯自：What we Believe：Seventh-day Adventist believe
ISBN 978-986-6314-63-6(平裝)

1. 基督教 2. 信仰 3. 通俗作品

242.42　　　　　　　　　105009119

全心全意
What We Believe
信靠祢
基督復臨安息日會基本信仰28條

作　　者	傑瑞‧湯姆斯（Jerry Thomas）
譯　　者	林思慧

董 事 長	李在龍
發 行 人	周英弼
出 版 者	時兆出版社
客服專線	0800-777-798
電　　話	886-2-27726420
傳　　真	886-2-27401448
地　　址	台灣台北市 105 松山區八德路 2 段 410 巷 5 弄 1 號 2 樓
網　　址	http://www.stpa.org
電　　郵	stpa@ms22.hinet.net

責　　編	周麗娟、林思慧
美術編輯	時兆設計中心
封面設計	時兆設計中心
法律顧問	元輔法律事務所　電話：886-2-27066566

商業書店	總經銷　聯合發行股份有限公司 TEL：886-2-29178022
基督教書房	基石音樂有限公司 TEL：886-2-29625951
網路書店	http://www.pcstore.com.tw/stpa
電子書店	http://www.pubu.com.tw/store/12072

I S B N	978-986-6314-63-6
定　　價	新台幣 150 元　美金 6 元
出版日期	2016 年 7 月 初版 1 刷